心經新解

轉化心念、超越快樂與痛苦

楊嘉敏——著

《般若波羅蜜多心經》

觀自在菩薩。行深般若波羅蜜多時。照見五蘊皆空。度一切苦厄。

舍利子。色不異空。空不異色。色即是空。空即是色。受想行識。亦復如是。舍利子。是諸法空相。不生不滅。不垢不淨。不增不減。是故空中無色。無受想行識。無眼耳鼻舌身意。無色聲香味觸法。無眼界。乃至無意識界。無無明。亦無無明盡。乃至無老死。亦無老死盡。無苦集滅道。

無智亦無得。以無所得故。菩提薩埵。依般若波羅蜜多故。心無罣礙。無

罣礙故。無有恐怖。遠離顛倒夢想。究竟涅槃。

三世諸佛。依般若波羅蜜多故。得阿耨多羅三藐三菩提。

故知般若波羅蜜多。是大神咒。是大明咒。是無上咒。是無等等咒。

能除一切苦。真實不虛。故說般若波羅蜜多咒。即說咒曰。

揭諦揭諦　波羅揭諦　波羅僧揭諦　菩提薩婆訶

前言

關於《心經》

為什麼「我」會寫這本書，其實那真的不是「我」，只不過因緣巧合－宇宙透過「我」這個管道，把祂想要告訴你的，藉我之手寫出來罷了。所以，這本書就是為你而寫！

沒錯，就是為你！你好不容易從艱難的人生中，走到這一步。走得有點滄桑，走得有點疲累，走得有點顛簸，甚至，還不知為何而走？你不知下一步該往哪裡踏出去？

是該暫停下來的時候了！但這個世界不會因你停下來而停止轉動，因為它不停的變換著。你的世界也不會因你停下來，而失去什麼。人生的得到與失去，只是在我們的一念之間，沒有什麼值得去慶祝得到，也沒有什麼值得為失去而難過，看完這本書，你就會知道為什麼。

你為什麼會與這本書相遇？你又為什麼繼續看下去？照佛家的觀念來看，這一切都是因緣巧合，無法預測的湊巧機緣。這樣的因緣，是存在賦予我們的禮物，是存在對我們生命的祝福。也許你內心的呼喚，召喚了這本書的出現；也許你內心的困惑，引發了這本書的誕生；甚至，你現在生命中所面臨到的種種困境，都可能在這本書裡找到突破及跨越的心態。

注意！是「心態」而非「方法」。「心態」指的是想法、看法。而「方法」指的是為達到某種目的所行的方式和步驟。《心經》顧名思義就是直指「心」，因此它能為你所做的，就是藉由這本書的智慧，來轉化我們自身的心態；而非直接提供方法給我們。也許你現在有房貸要背，有一家人要養，有病痛纏身，有工作上的壓力，有感情的困擾等等，它無法直接教你解決的方法，但是，它會告訴你，如何用有智慧的角度，來看待生活中的一切，並轉化你的心態。

它不會直接給你一筆錢，好解決你財務上的壓力，但它會告訴你這些壓力是自找的，要為它負起全部的責任，一旦我們願意負起全部的責任，在那當下，你就可以在壓力的折磨下解脫，心甘情願的接受並處理自身的財務問題，那麼財務問題雖然還是個問題，但這個問題不會再影響到你的身心。

它不會直接治療你的病痛，不管是生理上或心理上的病，它能給的唯一藥方，就是「覺知」。去「覺知」自身的痛，有多痛？痛在哪？對生活造成哪些影響？更深層的是，你對自身的「痛」到底有什麼樣的看法及感受呢？讓你從制高點去檢視自身的痛，那麼你的「痛」，就像天空中飄來飄去的浮雲一般，而你自己就像個看雲的人，不管浮雲的變化如何，你依然還是那位觀看浮雲的人，那樣的從容且自在。

它不會告訴你，哪一位才是適合你的終生伴侶。它會告訴你，你有「選擇權」，但沒有「控制權」。它會告訴你，生命的真實面貌，本是無常的，即使我們買了一大堆的保單，我們還是沒有辦法控制未來會發生的事情。

我們能做的，就是帶著覺知去選擇，並且去負責。當我們帶著覺知過生活，「昨日種種譬如昨日死，今日種種譬如今日生」，我們能做的就是過好每個當下，過好每個當下，就是最好的未來。照顧好自己，那麼整個存在也會照顧你。

它，不像一位醫生，你生病了就直接開藥給你。它，比較像是一位輔導老師，在你生命中有任何問題或困境時，會陪伴你、會啟發你、會引導你，直到你穿越了心靈幽徑，回到了自己的心靈原鄉，也就是找到真我，認識了真正的自己，讓佛性得以展現，並且催化自身的覺醒，到了覺悟以至成佛的當下，你就再也不需要這位輔導老師。即使如此，你還是會記得它的好以及它的一切……

這位生命中，你我皆需要的輔導老師，化身成為《心經》，帶著宇宙想要給你的智慧與祝福，帶著對世間苦厄的慈悲心，帶著你生命中不可或缺的幫助，在造物者精心的安排下，終於來到你的面前。也許它已經敲過你的心門好幾次了，有時你不在；有時你理都不理；有時你自顧不暇，不管如何，它，終究並沒有放棄，還是來到你的面前了……

收下它吧！如果錯過這一次，又不知何時才會再遇到它？在沒有它的這段期間，你可能還是得受盡各種生活的困境和生命的考驗，與其到時候才覺得後悔，甚至感到遺憾，何不現在就與它相逢，它已經等你好幾世，別再錯過了！

在上路前，我們先來看看如何善用這本書：

本書每一篇的開始都以《心經》中的經文開啟，「↑」這個符號告訴你，此句經文的前一句經文為何？而「↓」這個符號告訴你，此句經文的後一句經文為何？藉此了解它們前後呼應的關係。接著，在「↑」和「↓」的中間，就是此篇的主題，也就是所要闡明的經文。

一、精點思考

這部分以提問的方式，來引發你學習及了解的動機，這些問題的答案，不一定要直接寫在書上，你可以思考一下，摘錄一下思考的內容，等到整篇看完之後，再回頭去思考這些問題，也許答案就會不一樣。

二、經典文句

這部分是就各家對此經文的解說。我在找尋相關解說時，博採眾議，不偏於某一家，凡有助於容易了解的，會是優先的選擇。

〈佛家版〉

其中有關佛教專用的名詞，以一般人較為常用的「教育部重修辭典」為主，一來這是國家級的辭典，內容上比較不會有所爭議。二來這是一般人常用的「工具書」，所以在內容及表達的方式上，適合一般民眾們閱讀及了解。總之，我希望能夠幫助你有效的吸收這本擁有無比奧妙智慧的《心經》。

〈心理學版〉

這裡特別用現代心理學的角度，來詮釋《心經》中的經文。現代心理學是一門「科學」，「科學」與現代人的生活有著密切的關係，舉凡食衣住行，都與科學有關。《心經》是佛教的經典，佛教是一種宗教，佛教雖然不像物理化學那種科學，但它卻還是一種科學，因為它是最終的真知。「科學」就是一種「知」道事物「真」實面貌的方式。同樣的道理，宗教也是讓人們「知」道事物，甚至是生命「真」實面貌的方式。因此我們可以說：「宗教是最高層次的真知，是最純粹的真知。」

因此要達到最純粹的真知以前，我們可用具有科學性的現代心理學，來當作進入最純粹的真知的「橋梁」。而《心經》又是佛教經典中，最為普遍的經典，它的純粹度也更加的純然，因此我們可善用現代心理學，來當作進入《心經》殿堂中的階梯，拾階而上並循序漸進，自有到達彼岸的一刻！

三、精緻小品／靜心自得

這部分除了分享我的所思所想，也希冀藉由雋永的小品散文，使你更能深刻的體會主題所要闡明的義理。藉由引起動機、了解經文內容以及透過現代心理學，來結合目前現代人的生活，藉由「他山之石」，來幫助自己，領略經文中，所要傳達的意涵。

看完這些用心的設計之後，這本書，還差「臨門一腳」，那就是請你來欣賞。這本書，將因你的觀賞，而更加完整！謝謝你！

自序

會寫《心經》這本書，是因為我藉由《心經》超渡了我的媽媽，也渡化了自己。

家母在二〇一四年六月一日在三軍總醫院因淋巴腺癌驟然過世，在七七四十九天中，我藉由唸《心經》，來超渡我的媽媽。為何選擇《心經》？因為家母生前總在煩惱家中的一切大小事務，即使已經快走到生命的盡頭，還在擔心……，所以在那七七四十九天中，我不斷的唸誦《心經》，迴向給我的媽媽，希望她放下一切，順利前往西方極樂世界。

四十九天後，家母託夢給我，她在夢中喊我的名字，喊了兩聲之後，並指引我去找一位通靈老師，找到之後，在老師的牽引之下，我確定那個靈魂就是我的媽媽。老師說我媽媽已經在地藏王菩薩的接引下，順利升天。我不禁喜極而泣，當場嚎啕大哭起來！因為家母生前不信佛、不唸佛，甚至還不屑佛教，我深怕她這位老人家的靈魂東飄西盪，無所依靠。

家母升天之後，我仍然持續唸誦《心經》，並且佈施及報名超薦法會。在二〇一五年一月九日，我報名佛光山的佛七法會並超薦，在唸誦佛號時，我也觀想著我的媽媽，我親眼看見她的蓮臺開出白色的蓮花，那時我激動不已，心想媽媽終於花開見佛，順利前往她所嚮往的西方極樂世界。

在超渡媽媽的過程當中，我一直用《心經》超渡媽媽，也超渡自己。摯親的過世，很痛！這樣的痛，在我聲聲唸誦《心經》的過程中，漸漸看清生命的實相，體驗到宗教力量的偉大，它進化了我媽媽的靈魂，也撫平我內心的傷痛。

《心經》一文中說：「故知般若波羅蜜多。是大神咒。是大明咒。是無上咒。是無等等咒。能除一切苦。真實不虛。」感謝《心經》，它是現代人最佳的心理醫生，是最有力量的心靈導師。再度感謝《心經》！

謹以此書，獻給我最偉大的母親——楊王素環女士。

目錄

看見真我的起點

1. 在忙碌的生活當中，你有多少「空白時刻」（Gap Hour），來反觀自省自己？
2. 你平時會內省覺知自己的狀態嗎？你通常用什麼方式來觀察省思自己？
3. 在觀察省思自己的時候，你看到、聽到或感覺到什麼呢？

經典文句

〈佛家版〉

在《心經》當中的「觀」，指的就是「觀照」，而觀照的意思有兩種意涵。

1. 以心靈深刻的觀察來品味人生，這是往「外在」來觀看

有句話說：「人生如戲，戲如人生」，每個人的人生故事，或長或短，有時高潮起伏，有時歹戲拖棚，有時欲罷不能，我們看著自己以外別人的故事經歷，彷彿在「觀」看一部戲。或是我們在欣賞電視劇或電影時，劇情中的情節，彷佛活生生的演出實際生活的經歷，觀眾們隨著劇情高興、難過、疑惑、憤怒及傷心等，那些虛構的故事，也引發了真實世界中的我們的情感反應，因此有句話說：「演戲的是瘋子，看戲的傻子。」在這個真實與虛構的實空當中，假戲可以真做，真戲也可假做。人生，有時就好像在半夢半醒之間，不斷的在矛盾、掙扎、衝突以及痛苦中，糊里糊塗的生活著。

2. 就深層的意義來說，是往「內在」世界來看

劇情明明演的是別人的故事，甚至是虛構的故事，跟自己毫無關係，可是，我們的情緒為什麼隨著劇情而高低起伏呢？我們的內在世界，一定有某種東西，連結彼此共同的情緒反應，才會與外在世界起共鳴，有共振。這個東西到底是什麼呢？這就值得我們去摸索，去探尋。這就是一趟「內在之旅」。

什麼是「內在之旅」？名作家伯特．海寧格（Bert Hellinger）在《內在之旅：海寧格獨特的靜心》一書中說：「內在之旅（Innenreisen）是靜心（Meditation）的另一種說法，而所謂的靜心則是對奧祕的觀照，也是這趟旅程的目的。奧祕雖然隱而不顯，卻時時牽引我們，走在通往它的旅途上。內在之旅通向我們內在的核心，在那裡我們和自己深深同在，穿越散亂迷惘，經驗到自己存在的當下。在內在之旅中，我們種種內在的景象都將化為空，但透過愛，讓這些景象得以還原。

我們「觀」看「外在」世界的一切，人生如戲，戲如人生，不管是真戲假戲，都有劇終的一刻，但是當我們「觀」看「內在」世界的一切時，唯一的主角就是——自己！看見自己的喜怒哀樂，看見自己的貪嗔癡，總之，看見自己的一切，而這一切並不是固定不變的，此時的我們，可能與過去和未來的自己截然不同，這種「無常」的情境，正符合了佛家中「空」的象徵意義。但這種「空」，就像沒有裝水的水壺，它是有能量及潛力承受一切的，而**這能量的來源，則是源源不絕的「愛」！**

什麼是「愛」？大部分的人，覺得「性」就是「愛」。但是，事實上並不是。最下層的愛就是性，而最高層、最純粹的愛是慈悲。愛之下是性，愛之上是慈悲，而愛就在其中。

奧修（Osho）說：「如果你變得很覺知、很警覺、很靜心，那麼性可以被蛻變成愛。如果你的靜心變得很全然、很純粹，那麼愛就可以被蛻變成慈悲。性是個種子，愛是花朵，而慈悲就是那個芬芳。」

由上面這段話我們可以知道，**「靜心」和「覺知」在內在之旅中，扮演極關鍵的角色**，它們就如同我們使用電腦時，在長期使用後電腦的效能不如以往，為了讓這部電腦可以運作的更加順暢或重獲新生，所以必須不斷的更新升級，甚至重灌，才能確保電腦更順暢的運作。

我們的生命也是如此，剛開始運作的時候非常的好用，時間一久，可能受到外界刺激所產生的種種疑惑或困擾等，再加上外面世界變化無常，我們可能感到無所適從不知所措，這時就得運用一些東西，來進化自己的生命。而**「靜心」和「覺知」則能轉化我們的生命品質，使它展現出更優異的效能！**

〈心理學版〉

「觀」，有三種意涵，分別代表三種境界。⑴察看審視：在自我檢視的過程當中，自己看到了什麼？聽到了什麼？又感覺到了什麼？⑵欣賞：在自我檢視的過程當中，除了欣賞自己的優點，和別人的優點外，又欣賞到了什麼樣的人生風景？⑶顯示：在詳細的自我檢視後，自己想在這個大千世界中，想顯示那一方面的「真我」？

根據心理學的定義來看，廣義的「真我」指自己皮膚下的一切，如各種感官的感受、腦中的情緒與思想等，也就是自己所擁有的一切。而狹義的「真我」，則是指自我意識及意志的核心，也就是主體——我，是「觀者」（觀看的人）、「覺者」（覺察或覺悟的人）。

對真我的認識不能單純用主體或客體二元對立的方式來探索追尋。在真我的人生目標追求，再加上自我不斷的突破與超越時，展現人性尊嚴並重視個人自由及價值來實現自我的過程，**終極的目標不只是「成為我自己」**（真），**而是「成為更好的我」**（善），**最後臻於完美「成為最好的自我」**（美）。

賽斯身心靈診所院長許添盛醫師，對於內在之旅中的「真我」有以下的看法：「邁向內在的朝聖之旅，一種舉世皆然的心靈追尋過程你不只是你自己！你所認知的自己，只是你本體的一部分。你有力量改變你的人生；你大可在你的人生中優游自在。你創造你自己的『實相』。我們必須重新找到自己的感性以及面對生命的真實感覺，當感覺和思想能夠一致時，生命將不會再有任何迷惑或矛盾。一個簡單的想法，就能改變人的一生。而你是否已找到那個『工具』？……」

「實相」就佛家的定義來說，指現象的本質、真實性，又稱作「法性」及「真如」。而《心經》這部經文，就像我們內在之旅，也就是追尋真我的本質（舍利子）的「指南手冊」，也是我們面對及如何活出生命的「學習輔導手冊」。**《心經》沒有告訴我們速成的方法及途徑，它唯一給我們的「工具」，就是「觀照」，也是解決人生各式各樣痛苦的唯一藥方——「覺知」**。

「觀」出自己的寶藏

一個弟子問他的師父：「人生的價值是什麼？要如何才能得到幸福？」

只見師父隨手在地上撿了一塊石頭，叫他拿一塊石頭到市集去叫賣，但交代他無論出價多少都不要賣出去。弟子聽從師父的吩咐到了市集。第一天，無人駐足詢問。第二天，還是無人問津。到了第三天，開始有人停下來看個究竟。第四天，終於有人出價了，有人出價兩塊錢，有人出價五塊錢……一群人七言八語往往來來，最高也只是出價到十塊錢。

弟子回到寺院後，把在市集上的情況一五一十告訴師父，師父笑說：「很好！你現在再到黃金市場去，還是一樣只讓人出價就好。」

弟子帶著石頭又跑到黃金市場。原來在市集上出價到十塊錢的石頭，這會兒竟然有人出價到一千塊，一萬塊，甚至有人出價到十萬塊，這樣的結果讓他既驚訝又興奮，不顧現場還有人扯破喉嚨叫喊，他早已帶著石頭奔回寺院。

「師父，師父，這塊無用的石頭竟然有人要用十萬塊買它！」還沒到門口，他便大聲嚷叫了。面對歡喜雀躍的弟子，師父還是說：「你再把它拿到珠寶市場去，記得只估不賣。」

興奮不已的弟子心情高昂地到珠寶市場估價，這次更是讓他意外了，市場上的顧客才一開口就是二十萬，五十萬，但不論價格如何飆高他就是不賣，結果竟有人出價一千萬要他賣，他也只能無奈回答：「我師父說不許賣的。」

如果我們觀看自己是一塊不起眼的石頭，那麼，我們很有可能永遠是一塊不起眼的石頭。如果看見自己的優點，並學會悅納並發揮自己的優點，那麼原本在別人眼中，是一塊不起眼的石頭，在自己與別人的鼓勵下，就有可能是一顆無價之寶！

在上述的禪意故事當中，弟子的這塊石頭，在他師父的指點之下，分別拿到「市集」、「黃金市場」及「珠寶市場」去賣，寓意在讓弟子明瞭不同的市場中的人眼光不同，人生的價值，端看自己用何等的眼光看待。

我認為「市集」、「黃金市場」及「珠寶市場」分別代表「真我」進化的三個階段，從「成為我自己」（真），此為「性」的階段，接著「成為更好的我」（善），此為「愛」的階段，最後到「成為最好的自我」（美），此為「慈悲」的階段。到了最後一個階段，我們就能展現真善美的價值！

而在這段展現真我的過程，就是一段內在之旅，用「觀照」這個工具，來操作「靜心」和「覺知」，生命才得以進化，並回到我們內心深處，最初的那個「家」！

觀↑自在↓菩薩

自己在何處的定位

1. 在浩瀚無涯的宇宙中，在浮光掠影的歲月流逝裡，你是否想過「自己在哪裡？」

2. 你通常都用什麼方式或事物來為自己加以「定位」？

3. 這樣的「定位」能夠讓你感到「自在」嗎？

經典文句

〈佛家版〉

1. 謂自由舒適。《法集要頌經・卷二》：「除冥超神仙，善獲得自在。」
2. 自我決定主宰。《中論・卷四》：「人在眾中愧於涎出，而涎強出，不得自在，當知無我。」《金七十論・卷上》：「譬如父存時，兒不得自在。」
3. 印度稱創造宇宙的天神，在佛教為天神之一。《阿毗達磨大毗婆沙論・卷一九九》：「若謂自在更待餘因方能生者，便非自在如餘因故。」

〈心理學版〉

「自己」（我），按照佛洛伊德的理論，有三種意涵，分別代表三種境界。

1. 本我（id）：

是人格結構中最原始的部分。經由先天遺傳而來的。受本能驅使，是人類天性中與生俱來的衝動，遵守享樂原則，來滿足本我的需求。例如嬰兒肚子餓時，就會用哭的方式，來要求立即餵奶，不會考慮時間或地點，是否適合餵奶。「本我」具有「獸性」的特質，只不過在後天文明的環境中，會受到壓抑及教育，產生不同的情況。

2.自我（ego）：

人格結構中屬於中間的部分。它是本我的保護物，可接納外部刺激，它讓本我在盲目追求滿足時，有了實現的可能，並避免了自我毀滅。在現實環境中，對於無法滿足「本我」的需要，試著去調適，以滿足自己的需求。例如減重，本我的欲望是要不斷吃高熱量食物；而超我知道這是不應該的，有一個瘦下來的「理想」；自我便會制定合適的方案並實行，如退而求其次，吃健康的零食，或控制自己進食的份量。「自我」具有「現實」的特質，針對實際情形來加以調整自己。另外，「自我」是在「本我」及「超我」的中間，對於「本我」的衝動和「超我」的管制，具有緩衝及調節的功能。**總而言之，「自我」是最具人性且理性的人格結構。**

3.**超我**（superego）：

人格結構中屬於最上層的部分。是個體在生活中，經由社會文化道德規範的教養而逐漸形成的。「超我」有兩個關鍵部分，**一個是「自我理想」**，要求自己的行為要達成自己的理想，如果達到「自我理想」，則會有無限的成就感。**另一個是「良心」**，是控制自己的行為免於犯錯，如果自己的行為，違背自己的良心，則會感到愧疚。例如，室友的桌上有一包很難買到且極美味的零食。本我的潛意識是，直接拿起來吃，滿足想吃的欲望；但超我會因為社會規範、倫理道德、良知，而壓抑欲望，告知自己，那不是自己的零食，是室友的零食，我不能產生想吃的欲望；調節本我與超我之間矛盾的自我，則會在看到室友桌上的零食後，問室友是否能吃，滿足本我的欲望，又受制於超我。總括來說，「超我」是最具神性且道德性的人格特質。

美國著名的心理學家史金納（Skinner）認為，「人只是一台美麗的機器，人沒有靈魂。」所以他的研究對象是人與老鼠，因為兩者之間沒有太大的差異，人只不過比老鼠的身體構造複雜許多。人，在他的眼中，充其量只不過是一台精密的機器罷了！所以要研究人之前，都會以「白老鼠」來當作先前部隊，再進行正式的人體研究。人與老鼠的差別，真的只是在簡單與複雜之間而已嗎？《佛陀法句經》是這麼說的：

清醒才是生命的道路。
愚者沉沉的睡著，猶如生命已逝一般；
師父卻是清醒的，他的生命是不朽的。
他觀照，他明明白白，
他是多麼的快樂！

因為他看得到，清醒是生命的道路。
他是多麼的快樂！遵循著醒悟的道路行走。
懷著無比堅定的毅力，他在修行，追尋自由與快樂。

「他觀照，他明明白白」讓生活中的每一件小事，都變成我們去觀照的機會覺醒的契機。「他是多麼的快樂！」喜樂的基礎就在每次的觀照。當我們活得清清楚楚明明白白，內心就能湧出喜樂的泉源。「因為他看得到，清醒是生命的道路。」

人終歸一死，可是在與死神搏鬥的過程當中，保持觀照的習慣，這樣的習慣將會成為宇宙的意識。這樣的境界是我們生來就俱有的，假如我們不在那裡，該負責的還是自己。到了這樣的境界，即使肉身死去，但觀照仍會存在，融入在宇宙之中。「懷著無比堅定的毅力，他在修行，追尋自由與快樂。」這不是唸唸經、做做瑜伽就能達到的境界。要用盡所有的心力來喚醒自己，才有可能發生！

在電影《奇妙的旅程》中，男主角（陳建州（即黑人）所飾演）望著自己已經過世的孩子的照片時，心中的旁白說著：「這一段奇妙的旅程，讓我看到了曾經失去的時光，十年的重量，十年的美好，我該慶幸我還有機會，去面對著看似沉重卻又美麗的生命！」這句話為我們的生命旅程，下了極為言簡意賅的註解——生命是極為難得的！佛經中有一個很重要的觀念，**那就是「人身」難得！難得的原因，是因為我們的靈魂得以藉由它不斷的學習與進化。**

佛經也告訴我們，宇宙中有種最高的正義或真善美，是我們在生命的旅程中，要去學習與進化的。要想達到學習的效果與進化的目的，**就要靠自身的觀照與覺察，如此才能品嘗到自在合一的佛性。**這是生命旅程的目的，而「覺醒」是生命旅程的道路。當我們能夠觀照及覺察時，我們才能解脫貪嗔癡，也才能擺脫永無止盡的輪迴，也才能稱得上是有生命的。**因此，覺醒是這段生命旅程中，最重要的課題！這也是我們生命旅程中，唯一能回到內心故鄉的路！**

在每一個念頭中，在每個時空交集的片刻中，經由詳細的觀照之後，我們是否清楚的知道「自己在哪裡」？奧修說：「除非你的心靈之眼開啟；除非你的內在充滿光明；除非你能看見自己是誰，否則你是不可能醒覺的。唯有加深你的覺察，才能找到寧靜覺醒的空間！」

總而言之，「覺知」就是不管當下發生什麼事，我們完全是有意識的！我們是「在」那裡的！有了這樣的覺知，才能夠「自在」！

生命的煉金術

曾有一位功績顯赫的將軍，因為功高震主，年輕的皇帝暗地裡策劃一個將他除之後快的陰謀。計畫在將軍生日的這一天，在眾目睽睽之下，將他斬首示眾，一吐積壓多年的怨氣！

到了將軍生日的那一天，張燈結綵、冠蓋雲集，將軍喜孜孜的站在門口歡迎賓客。皇帝特地派了大臣前去「道賀」，將軍一看到聖旨駕到，趕緊上前迎接。這位大臣說：「聖上要我告訴您，他決定在今天晚上六點將您斬首示眾，所以請您在六點前準備好！」講完之後，原本歡樂熱鬧的氛圍，迅速的降到冰點。

這時將軍卻對大家說：「請不用為我感到難過！因為這是我生命中僅存的時光，就讓我們盡情的喝酒划拳，來慶祝我的生日。現在我們沒有多餘的時間，未來更不可能會有宴會。所以請不要用悲傷為我送別，不然，我會一直掛念這場無法盡興的宴會，到死之前，還帶著遺憾離開人世！」

在將軍再三的請求下，大家才勉強打起精神，喝酒划拳。為了炒熱宴會的氣氛，將軍玩得比誰都開心。皇帝派的大臣看到這一幕，不知如何是好，只好趕緊回宮向皇帝稟報：「這位將軍實在太特別了！他知道自己即將被處決，但一點也不難過。反而還繼續喝酒划拳。因為他說這是他僅剩的時光，他一定得全然的投入在這僅存的當下！」皇帝聽了之後，感到很不可思議，於是決定前去一瞧究竟。

一到現場，皇帝問將軍：「你現在在做什麼？」

將軍說：「在戰爭中，我曾多次面臨千鈞一髮，生死存亡的關鍵。我早就將生死置於渡外了！因此當我殺敵時，我不管過去，也不管未來，就只在當下。打仗的每一天，我都當作是生命的最後一天。我遲早都會面臨死亡，與其憂心何時到來，倒不如盡情的享受當下！」

皇帝聽了之後，頓時茅塞頓開，對將軍說：「請教導我！這真是一種生命的煉金術。生命，就該像你這樣過，這真是難得的藝術。我決定不處決你了！希望你當我生命中的導師，教我如何活在當下！」

在這則故事中，我們可以很清楚的看到，皇帝一直活在「過去」的記憶裡，因為一直活在過去不愉快的回憶當中，才讓自己無法真正感到喜樂。皇帝顯然意識到自己的負面情緒，但又不能像電腦一樣，隨手一按，就可將回憶的檔案完全刪除殆盡，於是將軍就成了他發洩不愉快的出口，那是他認為最快最有效的方法！

反觀將軍，沙場的歷練讓他學會活在當下，**唯有活在當下，才能真正的免於恐懼與憂慮。**

也才能盡情且盡性的活出自己的生命。**唯有活在當下，全然投入在每個片刻，才能清楚的察覺到「自」己的身心「在」何處？我們也才能達到「自在」的境界。**

自在↑菩薩↓行深

慈悲的圖騰

1.「菩薩」一詞讓您聯想到什麼？是觀世音菩薩？還是善心人士？抑或是自己本身所擁有的「慈悲心」？

2.你認為什麼叫做「慈悲」？無條件的憐憫及寬容？還是有自己獨到的見解？（「慈」指給予眾生安樂；「悲」指拔除眾生的痛苦。）

3.你通常在什麼樣的情況下，會發揮自己的「慈悲心」？

經典文句

〈佛家版〉

菩薩，佛教用語。梵語bodhisattva的音譯，全名為「菩提薩埵」，亦譯作覺有情。其義有二：

1. **專指成佛前的悉達多太子。**《修行本起經．卷下》：「菩薩見此眾生品類，展轉相吞，慈心愍傷，即於樹下得第一禪。」

2. **指具備自利、利他的大願，追求無上覺悟境界，並且已證得性空之理的眾生。**菩薩所覺悟的境界在佛之下，而在阿羅漢之上。《佛說十地經．卷二》：「菩薩既得如是大慈、大悲、大捨意樂已，為欲救拔一切有情，轉更訪求世出世間諸利益事。」《初刻拍案驚奇．卷八》：「弟子虔誠拜禱，伏望菩薩大慈、大悲、救苦救難，廣大靈感，使夫妻得相見。」

3. **尊稱樂善好施的好人。**《儒林外史．第三十八回》：「小的送他到廣東家裡，他家親戚、本家有百十人，都望空謝了老爺的恩典；又都磕小的頭，叫小的是『菩薩』。」

〈心理學版〉

按照馬斯洛（Abraham Maslow）的理論，人成長最主要的力量就是動機。動機是由許多不同性質的需求（need）所組成的，且在各種需求中，會有先後和高低的程度。每一層次的需求與滿足，將決定我們人格發展的境界。

1.生理需求（physiological need）：

需求層次中最原始的部分，是維持生存的需求。例如吃、喝及睡覺等等。等到生理需求滿足之後，更高一層的需求才能產生。

2.安全需求（safety need）：

在人類的需求當中，除了生理需求之外，在生活中及心裡上，人希求受到保護與免於遭受威脅、免於恐懼，從而獲得安全感和信任。經由滿足生理及安全上的需求之後，人才能產生更高一層的需求。

3.愛與隸屬需求（love and belongingness need）：

這一層是指心理上的需求。包括被人接納、關心、欣賞及肯定等需求。這方面的需求，與人際及親密關係有關。如果一個人在團體及生活環境當中，能夠滿足這方面的需求，那麼除了人際及親密關係和諧之外，也能充分的獲得情感上的滿足。舉例來說，在一般的工作環境中，身處在充斥各種小團體間的攻訐及鬥爭，或者遭到同事們的排斥等等，往往因為無法滿足愛與隸屬的心理需求，因而會影響自己的工作心態，嚴重的話，還會產生各種身心方面的症狀，甚至直接離職。

4. 尊重需求（esteem need）：

尊重需求可分為兩方面。一方面是受人尊重的需求，藉此滿足想要獲得別人重視的欲望。**另一方面則是自我尊重的需求，**藉此感受到強烈的自我價值感。這兩種需求滿足之後，才能臻於最高的需求。

自我滿足需求
自我實現需求
尊重需求
心理需求
愛與歸屬需求
安全需求
生理需求
生理需求

5. 自我實現需求（self-actualization need）：

唯有前面四種需求滿足之後，才能有充分的條件去自我實現，也才能達到人生真善美的境界。就如同中國傳統講究「成家立業」，認為成年人成家之後，才能去立業，而這個「立業」就等於「自我實現」。一個人有了家之後，不只能滿足生理、安全、愛與隸屬及尊重需求，還能幫助人們去自我實現。

總而言之，前四種需求（生理、安全、愛與隸屬及尊重需求），是基本需求（basic need），而且都是在缺乏的情境下所產生的，所以又稱匱乏需求（deficiency need 簡稱 D-need）。最高層次的自我實現需求，則是衍生需求（metaneed），這樣的需求是因為個體追求人自身的價值而產生的，因此又稱為存在需求（being need 簡稱 B-need）。

圖示說明如下：

從心理學的角度來看，每個人都有「愛與隸屬需求」。每個人如果都能去同理每個人的各種需求，並且去滿足身邊的人的「愛與隸屬需求」。那麼就是一種慈悲，就是一位慈悲為懷的菩薩。「菩薩」是一種外在形象，甚至是一種圖騰，象徵慈悲為懷的精神。

以下有一則新聞報導，很值得我們去思考，內容如下：

強酸毀容 伊朗女子慈悲寬恕（法新社德黑蘭31日電）

伊朗國營電視台網站說，受害人赦免一名原本要在今天接受盲刑報應的伊朗男子，這名男子因為朝女學生臉上潑強酸而被定罪。

巴赫拉米（Ameneh Bahrami）決定放棄權利後，網站說：「在潑強酸攻擊事件受害人巴赫拉米的請求下，被判處報應（qesas，以眼還眼式正義）的莫瓦赫迪（Majid Movahedi），於最後一刻獲得赦免。」

因為巴赫拉米不斷拒絕大學同學莫瓦赫迪的求婚，他才往她臉上潑強酸，莫瓦赫迪於二〇〇九年二月被判處接受雙眼盲刑。但法院諭令五月中執行的盲刑，於最後一刻突然延後行刑，官方未交代理由。

巴赫拉米告訴伊朗學生通訊社（ISNA），她赦免攻擊者的原因是「真主在《可蘭經》（Koran）中談到『報應』，但祂也建議赦免，因為赦免更高於『報應』。」「我奮鬥七年取得此判決，證明對我潑強酸的人應受到『報應』處罰，但我今天赦免他，因為這是我的權利。」

她又說：「我是為我的國家這樣做，因為所有其他國家都在看我們會怎麼做。」德黑蘭檢察官杜拉塔巴迪（Abbas JafariDolatabadi）讚賞巴赫拉米的決定，但也表示司法部門原本會執行盲刑。伊朗學生通訊社引述他說：「巴赫拉米今天赦免他時，眼科專家與司法代表正準備在醫院執行莫瓦赫迪的盲刑。」

巴赫拉米在二〇〇二年認識莫瓦赫迪時二十四歲，她多年來在西班牙接受毀容的治療。她雙眼失明，臉上與身上都還有重傷。（譯者：中央社張毅生）

這則新聞事件發生在伊朗這個回教國家，在回教的經典《可蘭經》[1]中提到「赦免更高於

1 回教典籍。三十卷，一一四章。回教徒認為它是真神阿拉對先知穆罕默德所啟示的真言。在穆罕默德死後彙集成書。要旨有二：

報應」。**雖然這是《可蘭經》的教義，但與《心經》中菩薩所象徵的慈悲精神不謀而合！**

這位原本貌美如花的少女，在強酸的的侵蝕之下，不只臉上與身上都受重傷，甚至雙眼失明，跟原本如花似玉的美貌判若兩人。一般人如果遇到這樣的悲劇，大都會像這位女子剛開始要求「以眼還眼」式的正義[2]，對當年施暴的男子點上強酸眼藥水，但難能可貴的是受到《可蘭經》的精神感召，就在男子準備服刑的前一刻，女子竟原諒了他！

她認為：「我奮鬥七年取得此判決，證明對我潑強酸的人應受到『報應』處罰，但我今天赦免他，因為這是我的權利。」無論是行刑或赦免，都是她的權利。**但我認為，這非但是一種「權利」，更是一種高尚的「情操」。而這樣的「情操」，都與我們內心的需求有關！**

馬斯洛的需求層次論（need hierarchy theory）不僅用來說明人格的重要理論，也是解釋動機的關鍵觀念。從心理學需求層次論中，我們可以很清楚的了解到，為何這位女子願意發自內心赦免這個辣手摧花的罪犯，**因為「愛與隸屬需求」，所以她能同理這位一直向她求婚不成的男子最後為何會惱羞成怒，甚至痛下毒手。因為「自我實現需求」，所以她決定實現她自身的**

信仰唯一的真神、穆氏為神所遣、主張宿命論。或譯作《古蘭經》。

2 根據維基百科解釋：犯偷竊罪在不少阿拉伯國家要以斷手酷刑伺候，若犯姦淫罪還會被強迫去勢或丟石頭砸死。鞭刑是回教國家傳統戒律，近來有一案例：伊朗婦女巴赫拉米在被潑酸後導致眼盲，法庭對加害人採取以眼還眼制裁，名為馬吉德的男子也必須以強酸弄瞎雙眼。

宗教信念。

有句話說：「**唯有慈悲是療癒性的，慈悲是最高形式的愛。有慈悲心的人是最富有的，他只是給與，帶著無比的愛來分享他的能量。**」在這則故事當中，最需要受到心靈療癒的，莫過於被潑強酸，以及潑強酸的人。

藉由慈悲，受害者在失去外在形貌之餘，還能擁有並發揮慈悲的內心能量，以療癒內心的創傷。而潑強酸的人，雖然他是加害者，但是在每種攻擊的背後，有多少恐懼、憤怒，甚至是創傷等負面情緒極需療癒……。但經由慈悲的洗禮，一個無知的意識，一個受傷的靈魂，可能**藉此獲得轉化以至於重生！**

有句話說：「慈悲沒有敵人。」有了慈悲心之後，就不會有小人，甚至是敵人嗎？其實不管是貴人、小人，甚至是敵人，全在我們的一念之間。因此，慈悲的基本原則之一，就是去尊敬每個人，接受自身的弱點與短處。就像那則新聞報導中的女生，如果她始終無法接受這場發生於自身的悲劇，那麼絕對無法輕易的放下心中的仇恨，也只能用以眼還眼的方式，來抒發自己內心的仇恨。唯有接受它、放下它之後，內心慈悲的能量，就會漸漸的湧現出來，透過溫暖且智慧的給予，使別人也能感受到慈悲的力量與愛的芬芳。

「慈悲是由憤怒之中誕生出來的，慈悲是一種更為細緻的憤怒，是憤怒所能產生最高等、最和諧的能量形式。」而慈悲也是來自光陰的愛，是愛所綻放的火花。因此，想要發揮慈悲的精神，並成為一位菩薩。首先要接受我們自己，然後去愛我們自己。我們將感受自身內在愛的能量在流動著，在擴張著，這麼一來，我們就會發現菩薩住在我們的內在。

經典小品

二〇〇二年底，在義大利的報紙上刊登了一則尋人啟事，內容如下：「一九九二年五月十七日，在瓦耶市商業區第五大道的停車場，一位白人婦女被一位黑人強姦。沒過多久，這名白人婦女生下一位黑皮膚的女孩子。不幸的是，如今這位女孩罹患白血病，需要立即做骨髓移植手術。而她的生父，也是那位強姦犯，是拯救她生命的唯一希望。希望這位強姦犯看到這則啟事後，速與伊莉莎白醫院的安德列醫生聯繫。」

在那不勒斯市，有位名叫阿奇，這一位三十多歲的酒店老闆，看完這則報導之後，心中激動不已……。一下子就回到一九九二年五月十七日的當天晚上，那天剛好是他二十歲的生日，正打算早點洗完碗盤收工，以便慶祝自己的生日，沒想到不小心把碗盤摔得稀巴爛。剛被奧客修理且氣極敗壞的白人老闆，一打開廚房的門，看見滿地的碎盤，一抬頭看見不知所措的阿奇，說時遲那時快，把他狠狠的壓在地板上，痛到不行的阿奇，奮力的給了老闆一拳，並衝出餐廳。

這一拳還無法抒發他對白人欺凌的憤恨，於是剛好在停車場遇到獨自一人的瑪爾達，氣到失去理智的他，不顧一切的強姦了瑪爾達。事後滿懷罪惡感的他，買了一張開往那不勒斯市的火車票，逃離那座讓他充滿憤恨的城市。在那不勒斯的餐館工作，老闆夫婦非常欣賞他，除了把女兒嫁給了他，最後甚至還把整個餐館委託他經營。他果然沒有辜負老闆對他的信任和賞識，現在的他除了擁有高朋滿座的大酒店，還有美滿的家庭。

看完這則報導，阿奇茶不思飯不想整夜難眠了好幾天，覺得自己快要崩潰了！最後他終於提起勇氣，打電話給安德列醫生，想了解那位女孩的狀況。醫生告訴他，女孩病情真的很危急，真希望她的親生父親能夠趕快出現救她一命。醫生的祈禱彷彿喚醒了他靈魂深處的父愛。

二〇〇三年二月八日，阿奇夫婦迅速的趕到伊莉莎白醫院，當瑪爾達得知那個強姦她的黑人終於勇敢的現身時，她不禁涕泗縱橫。她對阿奇的仇恨整整連續了十年之久，但這一刻她充滿了感動，這樣的感動似乎在內心深處，洗滌掉那層厚厚的仇恨。在醫院的祕密安排下，瑪爾達在醫院會客室裡見到了阿奇。瑪爾達和丈夫緩緩的走上前去，緊緊的握住他的手，在那一刻三個人抱在一起痛哭，一切盡在不言中……。

瑪爾達夫婦為了慶祝女兒重獲健康，因此特意邀請阿奇夫婦及安德列醫生來家中坐客。到了那一天，安德列醫生準時出現，並帶了阿奇親手寫的一封信，信中的內容如下：「我不能再去打擾你們平靜的生活了。我只希望莫妮卡和您們幸福的生活在一起，如果您們有什麼困難，請告訴我，我一定會幫助您們！同時，我也非常感激莫妮卡，從某種意義上說，是她給了我一個贖罪的機會，是她讓我擁有了一個快樂的後半生！這是她送給我的禮物！」

「當我們有愛時，恐懼便不會存在。」這句話足以說明，為何阿奇在千鈞一髮之際，終於願意挺身而出。因為隱藏在內心深處的父愛，消融了他的恐懼。而瑪爾達的母愛，也幫助她消融了被無辜強姦的憤恨與痛苦。由此可見，**愛是一切問題的答案，愛是終極的法則**，不要拘泥於過往的記憶和外在的法律形式，否則我們將錯失生命中美好的一切！

「**慈悲是來自光陰的愛，是愛所綻放的火花。**」心中沒有愛的人，無法綻放慈悲的火花。生命中缺乏慈悲的火花，就少了照亮自己和別人的光，而整個人的生命，就像布滿黑暗的坎坷之路，崎嶇難行！

但慈悲不是同情，當我們對別人表示同情時[3]，那不是真正的了解，那也不是真正的同理

3 心理學上指主觀的體會他人內心的感情，能感人之所感。

心[4]。能真正了解的人，只是同理但沒有分別性，更沒有判斷性。當心中沒有分別沒有判斷，包括自己，一切都是神聖的，活出這份理解就是慈悲，自己也成為慈悲的圖騰——菩薩。

4 心理學上指能站在對方的立場，設身處地去體會當事人感覺的心理歷程。

菩薩↑行深↓般若波羅蜜多時

勇氣的發揮

1. 曾有過被稱為「膽小鬼」的經驗嗎？是膽子真的很小？還是沒有勇氣？
2. 如果「勇氣指數」滿分是一百分的話，你為自己的「勇氣」打幾分呢？
3. 在什麼樣的情況下，你會徹底的實踐自己的「勇氣」？

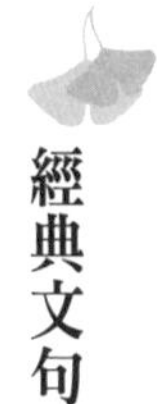

經典文句

〈佛家版〉

1. 行：有功行、修行及成就的意思。
2. 深：深對淺言，即不是凡夫能了解的般若空慧，所以稱之為「深」。

「行深」是修行到功力精深的時候。蔣勳說：「我一直很喜歡『行深』這兩個字，尤其是把『深』字加進去，**就是在實踐的過程中，不斷的、不斷的檢討自己是不是做到了？**有時候做了，但可能做不夠，就是『行不深』。信仰本身具有非常強的實踐力量，哪怕是一種非常簡單的信仰。」

〈心理學版〉

日本腦科權威茂木健一郎說：「**腦支配人類的『心』**。」而且我的們的腦，是二十四小時不打烊的，腦子在運作的同時，隨時隨地都有可能「起心動念」。**想要了解自己與別人的「起心動念」，最主要也最基礎的關鍵，就在於「動機」**。

動機不是「孤立」的。類似的動機不等於類似的行為，而且行為又蘊含多種動機……。動機領域非常複雜，不僅存在多種觀點、多種比喻，且有許多不同的研究、論題，這裡我簡單用生理性動機和心理性動機說明：

1. 生理性動機：

從生理學的角度，來討論某些生理上行為的產生原因。

我們會感到飢餓、口渴、疼痛，甚至發揮母性等行為，都是出自於「生理性的動機」。例如，有位母親在工作時接到鄰居家的電話，得知自己家裡發生火災，不管三七二十一，趕緊衝回家。只見家裡的窗口不斷的冒出黑煙，她顧不了自身的安危，及消防人員的阻擋，便衝進火場，營救兩個正在嚎啕大哭的的女兒。像這種發揮「母性」的行為，就是出自於「生理性動機」。

2. 心理性動機：

從心理學的角度，來討論某些心理上行為的內在原因。

我們渴望生活中的成就感、親密情感及權力等行為，都是來自於「心理性的動機」。舉例來說，在網路社群發達的今天，從部落格、臉書、Instagram 以及其他社群工具如雨後春筍般出現，這些新興的網路媒體的誕生，充分的反映出人們對親密感及歸屬感的渴求，藉由這些網路互動的方式，來滿足內心的動機。

知道「動機」的類型後，接著就可以更進一步，從自己或別人所使用的「藉口」中，來了解更深一層的「起心動念」！以下我們用六種最常見到的藉口性質，來幫助大家解析自己和別人的「動機」。藉口大致可分為六大類，說明及舉例如下：（★★★★★為滿分）

1.能力：以自己的工作表現來說，就是評估自己是否能勝任這份工作？當長官認為自己工作績效不彰時，你的想法是：「這次會被長官指責，可能真的是我的能力太差了！」等類似藉口時，會想要表現好的動機強烈程度，大概只有★★★。你必須對自己更加有自信，才能有進步的機會。

2.努力：以自己的工作表現來說，評估自己是否盡了最大的努力？當自己工作表現不理想的時候，心裡想的是：「這次表現不好的原因，可能真的是自己不夠努力！」之類的話時，下次會想表現得好的動機強烈程度，高達★★★★★。因為努力與否能操之在己。這時只要不斷的鼓勵自己再多努力些，必定能進步！再加上對自己的殷切期待下，也一定能全力以赴。

3.工作難度：以自己的工作表現來說，自己覺得這份工作是困難還是容易？當工作凸槌的時候，自己如果是這麼想的：「這次凸槌的原因，可能是客戶太難搞了！」等類似藉口時，下次表現會更好的動機強烈程度，大概只有★★。因為遇到什麼樣的客戶，自己無法主控，怪罪別人或其他事情，也許在心理上可以勉強的安慰自己，但對於如何可以表現得更好，實在無濟於事。

4.運氣：以自己的工作表現來說，自己覺得這次工作的績效與運氣是否有關？當自己在工作上犯錯的時候，如果是這麼認為：「我覺得這次犯錯的原因，是因為自己的運氣太差了！」之類的話時，下次不會再犯錯的動機強烈程度，大概只剩★。人的運氣雖然有「好運」、「平順」或「歹運」的時候，但是「風水輪流轉」，「好運」也會有用完的一天，與其掌握那不可知的「好運」，倒不如掌握自己的努力程度，才能真正的幫自己「開運」！

5.身心狀況：以自己的工作表現來說，自己感覺工作時的身心狀況。當工作績效未如預期的時候，心裡的想法是：「這次表現未如預期的原因，可能與最近生病有關。」等類似藉口時，下次想要表現得比這次好的動機強烈程度，大約有★★。自己可再留意自身的身心狀況，並適時提醒他們自己也要多加注意，才不會因小而失大。

6.別人反應：以自己的工作表現來說，在工作當時及後來，別人對自己表現的態度。當自己表現不好的時候，心裡想的是：「這次業績不好的原因，是因為在客戶面前報告時，客戶一直盯著我看，害我好緊張！」之類的話時，下次想要爭取到更多客戶或訂單的動機強烈程度，大約只有★★。對於這種情況，別聽信任何人，甚至受到別人的影響，只需閉上雙眼，傾聽內在的聲音。

以上是從「藉口」的內容，來推測「動機」的強弱。而我們也可以從「動機」的強弱，來推測自己是否有足夠的「勇氣」去做改變。「勇氣」是指勇往直前無所畏懼的氣魄。最近這幾年來，「挑戰自我極限」的觀念到處蔓延著，因此創造了許多令人熱血沸騰的故事，像是登上世界七頂峰的江秀真、挑戰極地馬拉松的陳彥博，或單車獨騎西藏高原的謝旺霖，這些都讓人不禁佩服他們的「勇氣」！

這些都是「勇氣」具體有形的發揮。還有一種「勇氣」，是根植於內心的，這種勇氣就是我們內心深處的喜瑪拉雅山，等著我們去攀越，等著我們去征服。這條「勇氣」的道路就是「心」的道路。這條道路沒有紅綠燈，沒有安全島，僅能憑藉著「愛」與「信任」這兩種「路燈」，照亮這條「勇氣」之路。我們內在的「心聲」是這條道路的「指標」，經由不斷的冒險，才能不斷的成長，也才能登上勇氣的高峰，如此才算是活出了生命！去過充滿冒險的生活，不只是生理層面的，還有心理層面，最後是則是靈魂上的冒險。當過著充滿冒險的生活才算是活出了生命，生命也才能開花結果。

身處在各種誘惑的現代生活中，現代人對勇氣這項特質的看法，以及想要去冒險的意願如何呢？二〇一一年遠見雜誌曾做過「勇氣特質調查」，結果揭示：

前衛生署長楊志良奪冠，成為勇氣王；前總統馬英九、前立委邱毅名列二、三；前總統蔡英文搶下第五，成為前五名唯一女性。至於個人部分，被問及「願不願意嘗試冒險或特別的事」，結果顯示，想創業的人比例最高，有五十・一%願嘗試，四十%的人願爬玉山，三十八・六%的人願單獨出國自助旅行，但什麼都不願意的也有二十三・五%，將近四分之一。

這項調查在個人方面的結果，可以看見將近一半的人，是有勇氣的人。但也有將近四分之一的人，安於當個「膽小鬼」。**一個膽小鬼和一個勇敢的人的差別並不大，最大的不同之處在於，膽小鬼是聽從「恐懼」的話，而勇敢的人則忠於內在的心聲，對「恐懼」不聞不問……**

「新人類的生活藝術，將在於有意識的仔細聆聽心的聲音，跟隨心的聲音，不管它將帶你到何處。」**心的聲音是勇氣的源頭**，忽視心的聲音，就失去了展現勇氣的動機。到最後只能成為「恐懼」的「奴隸」。我們之所以錯過很多事情，甚至錯過可以讓自己更幸福的機會，那是因為沒有聽從自己的心聲，按下勇氣的按鍵。如果我們因此而怨天尤人，那麼我們也只能繼續活在痛苦憤恨當中。

沒錯！我們真的有權利去決定要去過痛苦的生活，還是幸福的生活？**因此，我們得對自己的生活，負完全的責任**。即使是錯誤的決定，即使我們深陷痛苦和矛盾當中，這些充斥著負面能量的泥淖，透過內在的覺察，將可能成為我們培育智慧的沃土，前提是要有足夠的勇氣，只要有勇氣的話，就有足夠的動機去改變現狀，那麼一切自己所承受的痛苦，都將是值得的！

有勇氣的人，也象徵自己的生命力更加的旺盛，生命力更加的旺盛時，未知的問題及挑戰就越多。問題及挑戰越多，我們的生命也將更加茁壯！因此，不要漏失任何機會，不管是什麼樣的經歷來敲門，去體驗吧！永遠選擇行走在心的道路上！這樣我們才能深深的去體驗，也才能達到「行深」的境界！

勇氣的旅程

在追逐夢想的旅途上，有些人的生命故事彷彿一部充滿戲劇性轉折的電影。李烈，一位堅韌的演員與製作人，她的生命旅程就像一幅色彩繽紛的油畫，充滿了挑戰、勇氣和堅持。

李烈畢業於世界新聞專科學校（今世新大學前身），進入演藝圈。她的演出作品包羅萬象，從電視劇到電影，每一部作品都彰顯著她的才華和對表演的熱愛。然而，李烈的生涯並非一帆風順。

「愈無知的人，常常愈有自信」，李烈第一次演戲時，發現自己竟然毫無害怕，機器讓她有安全感，能忠實呈現她的努力和用心。然而，隨著時間的推移，李烈逐漸發現自己對表演的興趣逐漸演變，她開始思考著如何深入角色，如何提升自己的表演技巧。

然而，演藝事業的背後往往是無盡的壓力和挑戰。李烈曾經歷過無數的拍攝和演出，但隨著時間的流逝，她開始感到厭倦。在生產線般的演出中，她感受到了心靈的枷鎖，她渴望著解脫。**當一個人覺得無聊時，那往往代表我們沒對自己真誠過，沒有尊重過自己所擁有的一切。**當生命走到停滯甚至腐化的一灘死水時，我們必須發揮勇氣去冒險，當我們無所畏懼的去冒險的話，無聊就在一瞬間解除，死水也將充滿生氣並源源不絕！

於是，她做出了一個勇敢的決定，離開了舒適的舞台，轉而涉足商海。然而，這段投資生意的旅程並不順遂。李烈花光了所有的積蓄，一無所有地離開了中國大陸。這次的失敗讓她受到了沉重的打擊，她陷入了長時間的低谷中，彷彿無法找到前行的方向。

然而，正是在這段低谷中，李烈重新找到了自己。她意識到，人生的起起伏伏已經幫她調整了心情，讓她變得更加堅強。於是，她決定重新振作起來，重新踏上自己的人生舞台。。

李烈從演員跳到製作人的戲劇性轉折，讓我們深刻的體會到，**冒險，其實就是向未知的世界、未知的自己去探索**，但是選擇未知，就算會讓我們傷痕累累刻骨銘心，也是值得的，就像她後來發現即使自己一無所有，但還擁有一身的勇氣。這就是老天爺給冒險者最好的報償——成長茁壯。

在冒險的世界裡，我們必須要有一雙翅膀，一邊叫做「勇氣」，另一邊則叫做「信心」。光有勇氣，心裡還會覺得心虛虛的。光有信心，心裡也許會覺得有所遲疑。只有信心和勇氣保持平衡，再加上賭徒般的膽量才能無懼的冒險，才能得到老天爺給勇者的桂冠！

「**不要錯過任何機會，不管來臨的機會是什麼，去經歷。永遠選擇生命，記得去享受任何可以讓我們揮灑創造力的機會。**」還在遲疑什麼？我們沒有什麼好失去的，再遲疑下去，恐怕連自身的勇氣都會失去了！

信仰的極緻實踐

1. 你對「信仰」的定義為何？
2. 你認為「信仰」一定與「宗教」有關嗎？
3. 你通常用什麼樣的方式，來徹底實踐自己的「信仰」？

經典文句

〈佛家版〉

1. **般若**：能證悟空理的智慧。梵語 Prajñā 的音譯。
2. **波羅蜜多**：從生死輪迴的苦海至解脫的彼岸[5]。為梵語 pāramitā 的音譯。亦作「波羅蜜」。

總結來說：觀世音菩薩，發揮勇氣的實踐般若波羅蜜多的法門，在自我探索的情境中，越來越能看見生命的真相，體驗生命的奧祕，藉此堅定我們的心志，圓融我們的智慧，超脫此岸彼岸的境界，到達究竟涅槃的境界。

〈心理學版〉

心理學大師佛洛伊德曾說：「人的一生都活在謊言中。」這種謊言，之所以會跟著我們一輩子的原因，那是因為與我們的「信仰」有關。

什麼是「信仰」？國語辭典是這樣解釋的：「指對某種主張、主義、宗教的極度信服和敬

5 佛教用語。指解脫後的境界，為涅槃的異稱。

慕。」這是字面上且就無形的層面來解釋。舉例來說，當我們行經廟宇或教堂，有時會入廟上香；有時則會雙手合十膜拜；有時則會聆聽經典的講解；有時則會高聲吟唱等等，這些都具體的展現我們對信仰的態度。

「信仰」與「信念」的關係，兩者互為表裡。「信念」會漸漸的形成我們的「信仰」，而「信仰」則會影響我們的「信念」。舉例來說，有的人認為人有輪迴轉世，為了避免下輩子受苦受難，會藉由宗教的力量，來獲得更美好的來生。這樣的「信念」，使他們選擇與我們信念相同或相仿的宗教。選擇信仰某宗教之後，經由經典典籍的閱讀，又強化了自己的「信念」。「信仰」與「信念」的關係，除了互為表裡之外，也會互為因果，並互為影響。

但特別要注意的是，「知識」不等同於「信仰」。就像現代網路科技發達，充斥著各式各樣的訊息，於是有些人把未經查證的，或者道聽塗說的，當做訊息來解讀，甚至把它視為「知識」在不斷的累積著！這是一種非常盲目且危險的學習方式。就算是經過科學驗證，多年淬鍊的客觀知識，也不全然適合把它當作「信仰」來對待。愛因斯坦的偉大成就，足以是知識分子的典範，但是面對無窮的宇宙，他仍然覺得是無知的，「愛因斯坦的信仰不是出自脆弱，而是謙卑。他知道自己還有不足，而知道自己的不足，是一種堅強。」這樣的態度，不只展現了知識分子的謙卑，更是一種無窮奧妙的生命信仰。

蔣勳說：「**知識不能等同於智慧，知識沒有辦法解答信仰的問題。**」現代人每天接觸這麼多的資訊，但對生命的了解與體悟，智慧的成長與圓融，沒有因此有更明顯的成長。那麼現代人該如何找到自己的信仰？「最好的信仰，一定禁得起所有人的懷疑。」不只是佛教，只要是經過時間的累積，不斷的考驗，堅定的信念系統，都可以當作我們的「信仰」。

除了宗教以外，倫理、道德、愛，甚至是大自然，都是可以成為我們信仰的對象。我們生活的周遭，會有無數的誘惑，也會有無數別人的聲音，這些人像是推銷員般，不斷的推銷自己的信仰或信念，如果我們聽信這些人的話，這些不同且喧囂的聲音，真的會讓我們發瘋。別聽信甚至去在乎任何人，只需閉上雙眼，傾聽內在的心聲。

生命會給我們不同的機緣，所有的選擇都是為我們而敞開的。而自己的心，是最客觀公正的裁決。當然在這樣不斷對話的過程中，難免會有迷惑、矛盾，甚至是衝突，這都是自我的考驗，也是生命的考驗，但別忘記「若沒有礁石，如何激起美麗的浪花？」智慧，就是在這樣顛簸難行的過程當中，開花並結果！

終歸來說，「般若波羅蜜多」就是一種脫離苦難輪迴的智慧，一種教我們歡慶生死的智慧。我們所選擇的信仰，不管是宗教或者任何一種人生觀，**要有如同「般若波羅蜜多」的智**

慧，使我們的生命具有穩定的力量，讓我們在風吹日曬雨淋般的生命旅程中，有足夠的勇氣邁出自己堅定的腳步，並到達彼岸！

經典小品

蔣勳在《生活十講》一書中，談論日常生活中與「文化」有關的現象，其中〈新信仰〉這個主題讓我印象深刻。

對於信仰的態度，蔣勳先生提出了一種非常具體且簡單明瞭的比喻，那就是「好朋友」。用更多的對話，來完全的表達自己的反應、想法及感受。甚至就如同「伯牙鼓琴」一樣，能深刻的體會到信仰的奧妙意境，而且最能了解自己、欣賞自己，以至於能包容既脆弱又懺悔的自己。「信仰最可貴的，就是一個自我反省的過程，也就是認識自己有多貪心、有多賴皮、有多恐懼。」這樣可貴的信仰，就如同般若波羅蜜多的法門，帶領我們不斷的與它做更多的對話、更多的探索，並且無畏的實踐，如此才能行深。而唯有「行深」，才能彰顯信仰的價值。

「信仰」也如同我們在每個生命階段，所結交的朋友。孩童時期，我們需要一個玩伴似的朋友；求學時期，我們需要一個能互相切磋琢磨的朋友；成家立業時期，我們需要一個「友直友諒友多聞」的朋友。因此在我們生命中的任何階段，我們所認同肯定的事物，也可以是一種信仰。信仰的對象可以更換，以更符合我們當下的情境。

蔣勳認為，最高的信仰就是自然，如同老子所說的：「人法地，地法天，天法道，道法自然。」就像我們在各種大自然的景緻中，孔子說：「智者樂山，仁者樂水。」其實不管智者或仁者，樂山或樂水，在無止盡的探索與尋求的過程中，如果能讓自己的心境回到像是嬰孩般的純潔，像水晶般的澄澈，那麼就不再需要信仰了！就像練太極拳時，練到最高深的境界，就是什麼招式都忘了，已經內化在自己心中，成為一種永恆的價值！

我們的生命終究會有下台一鞠躬的時間，再多的掌聲、再多的喝采，我們都帶不走，能帶走的，就是信仰帶給我們的永恆價值！

般若波羅蜜多↑時↓照見

全然投入的當下

1.「時間」一詞，會讓你聯想到哪些事物？

2. 你認為除了我們能看得到的「時間」以外，有沒有其他面向的時間？

3. 當你做什麼樣的活動時，能夠讓你有全然投入的體驗？

經典文句

〈佛家版〉

時，指修行修到不思善，不思惡的當下，履行深般若功夫極深之時。

時，在佛家來講，就是每個當下。不管我們身處何處？心在何處？每個片刻的當下，比具體的每一分每一秒，更加的細膩與真實。而這樣的細膩與真實，是諸位觀世音菩薩，行深般若波羅蜜多的搖籃。只有全然的投入每個當下，才算是真正的活出了自己，更活出了生命的意義。只有全然的投入，走到彼岸的每一步，將會更深入更堅定！

〈心理學版〉

老天爺給每個人每天的時間都是一樣的，都是二十四小時，不管我們戴上多麼名貴的手錶，都是一樣的。**但是在不同的價值觀及使用方式下，時間，可以有多元的展現面貌。**

你是否曾有這樣的感覺呢？當正在進行無聊的事情，總覺得時間過得特別漫長；可正在打遊戲或與好友歡聚時，時間卻彷佛一瞬即過。在心理學、認知語言學和神經科學中，稱為「時間知覺」（time perception），也稱時間感（time sense），是指在不使用任何計時工具的情境下，對於時間的主觀判斷。

同樣的時間（客觀時間），在經由每個人的主觀感受下，也產生了「主觀時間」，**原因不在時間本身，而是在於個人對時間的知覺經驗**。人們所感知到的時間，會藉由內在及外在兩方面來接觸與感受。

在外在方面，一方面由於自然環境的改變，我們藉由如太陽、光線及溫度等來感知。另一方面則由於活動中的進度，例如開車的距離、電視看了多久及電話講了多久等來判斷。至於在內在方面，一方面生理上的日節律，也就是我們常說的「生理時鐘」，從身體的反應，就可以判斷目前的時間，例如朝九晚五的上班族，大概到了下午三點，就開始感覺到疲累，巴不得下班時間快點到。另一方面身體上的代謝情形，也是一種判斷時間的媒介。有的人還不到午休時間，肚子已經飢腸轆轆，這時大概已經接近十二點的午餐時間了！

以上是就心理學的角度，來闡述人與時間的關係。

一位哈佛教授使用了一個空瓶子為學生上了一堂關於幸福的課。

在一個空無一物的瓶子裡，放進一些高爾夫球，等到再也放不進高爾夫球時，他問學生：「這個罐子滿了嗎?」學生們都回答說：「對，滿了。」接著，教授又放進不少小石頭，當小石頭已經放滿時，他又問：「現在這個罐子滿了嗎？」然後，教授又放入許多細沙。沒想到，教授等到細沙填滿所有的空間後，還注入清水。

瓶子如同我們每天的二十四小時，吃飯、睡覺、上學，就如同瓶子裡的高爾夫球、小石頭等，所以仍有不少零星分散的時間，可供我們完成許多事務，積沙可以成塔，集腋可以成裘，**「零碎的時間，應該是生命中的碎珠、沙金、片玉，能勤於揀拾，並集合它們，那的確是一宗可觀的財富。」**

時間的使用方式，可以像高爾夫球或小石頭，甚至是細沙般的分割使用。每個人的使用方式，決定了時間的價值，是生命中的碎珠？沙金？還是片玉？全在我們的一念之間。

還有一種時間，是超越數字的束縛，更不受外界及身體的影響，那就是「當下」！

把握每個當下，讓有形的時間，透過自身全然的投入，更能穿越數字的藩籬，身體的限制。這也是「行深般若波羅蜜多時」的境界，當我們發揮自身的勇氣，深入的去了解自己探索自己，那麼生命的智慧，在我們不斷的挖掘之下，將會湧泉而出。

靜心自得

在這段修行的過程當中，不論是有形的時刻或是無形的片段，都是生命中的碎珠、沙金更是片玉！當我們全然投入每個當下，內心深處會有一種難以言喻的寧靜與喜悅，這是老天爺送給勇於行深，且體悟般若波羅蜜多智慧的人最珍貴的財富。這樣的財富，也是當生命捲尺拉盡那天，我們永恆、唯一且帶得走的財富！

當我們無畏的走上自己的內在旅程，不論有形的時間，還是生理的時鐘，都無法阻擋我們到達彼岸的決心。當然，這趟內在之旅並非康莊大道，但是**勇者卻能獲得宇宙能量的加持，成為內在殿堂的 VIP。當我們獲得無上的智慧，並到達彼岸時，宇宙將會為我們加冕！**

每個人的一生，不管是有錢還是沒錢，無論是有地位還是沒地位，大家的生命捲尺，也許長度不一，但終究有拉盡的一天。既然大家都免不了一死，何不「將生命交給最後的努力」？**當我們將自己的生命交給最後的努力，全然的投入每個當下，才算是真正的活著！**

因此，在到達彼岸的這條路上，我們每個人都應該像個運動員般，培養專注的精神和高度穩定的性格。**專注，是一種頭腦專心注意的狀態。**想要全然的「行深」，並且究竟涅盤，還需要我們全然的投入。**「投入」是一種全心全意的心境，當我們的身心如此的專注投入時，每個**

時刻甚至每個當下，那就是天堂，那就是涅盤！

時↑照見↓五蘊

自己為鏡子

1. 當你照鏡子時，看見鏡中的自己，你有什麼樣的反應、看法及感受呢？
2. 除了「有形」的鏡子以外，還有沒有其他的人事物是自己的一面鏡子呢？
3. 面對不同的鏡子，你是否看見不同面向的自己？

經典文句

〈佛家版〉

聖嚴法師在《心經新釋》解釋「照見」：**「照」是觀察，「見」是體驗**，以甚深的般若智慧，觀照體驗五蘊等一切諸法的自性皆空。以般若的角度來看世間現象，空與有是相反相成的，看似矛盾而實際統一，且又是超越的。

慧廣法師說：「《心經》中「觀」的目的，是要照見「五蘊皆空」。而要照見「五蘊皆空」，必須「行深般若」才行。**可見「照見五蘊皆空」必須「行深般若婆羅蜜」**。彼此有承先啟後的關係。

〈心理學版〉

「照」字在字典上的解釋，有「映射」及「投映」的意思。在心理學當中，也有類似的觀念，那就是所謂的「投射作用」。

「投射作用」出自於理學大師佛洛伊德所謂的防衛機制（defense machanism），是指個體表現該等行為的目的，是為了防衛自己，以減少內心衝突，所產生的焦慮及痛苦。**而所謂的**

「投射作用」（projection），是將自己內心中不為社會所認可的欲望及意念，加諸在別人身上，藉此減少自己因為這個缺點所產生的焦慮。

舉例來說，許多美容保養用品，會找美麗的女明星代言，讓女性消費者看到這則廣告之後，覺得自己擦了之後，也能像女明星一樣的美麗。又如豪宅的廣告，通常都會找社會上既具知名度且具地位的人來代言，讓人產生一種住在裡面的人，也能像這些代言人一樣功成名就的感覺。這些都是運用心理學當中的投射作用，來掌握消費者的心理。

我們的生活中，充斥了各式各樣的投射作用。我們的同事、親人、朋友，甚至是貴人、小人及敵人，都會是我們的一面鏡子。不同的是，我們究竟選擇哪一面鏡子？不管選擇哪一面鏡子，對方身上一定具有我們想要成為的特質。選擇台灣第一美女林志玲做為鏡子，那代表我們心中也有想要成為林志玲兼具美貌和高 EQ 的欲望。選擇鴻海科技創辦人郭台銘做為鏡子，那代表我們心中有想要像郭董一樣功成名就的欲望。

不管我們選擇什麼樣的鏡子，都會對我們的未來產生重大的影響。因為鏡子本身，都會如實的反映出自己。「什麼樣的你，將會培養出什麼樣的伴侶。」、「如何對待他人而嘗到了什麼樣的結果？」、「對於別人的回應自身也該負起全責。」一邊受到鏡子的牽制，一邊也得學習著承受選擇，一旦做出選擇，也要負起全部的責任，人生也因此產生變化。

「照見」的用意，就是看見自己，所投射出來的樣子是什麼？鏡子也會如實的反映出不同面貌的樣子。每個人就像萬花筒一樣，在不同的時刻不同的當下，會呈現出不同的面貌。有句話說：「一條河本身並沒有顏色，水是無色的，不過河流攜帶了它經過地域的顏色……你的不同是由於你所在的地區，可是你內在最深處的品質是沒有顏色的，每個人都是一樣的。有人是黑的，有人是白的，有人是黃的……可是要記住，這些是你身體經過地區的顏色，而不是你的顏色。你是無色的，你不是你的身體，也不是你的頭腦，更不是你的心。」

這句話是說，我們本身就處在「無常」的狀態，即使是在無常的狀態，我們本身的存在，我們自身的本性不會因此而不同的。我們的不同，是因為我們所選擇的鏡子而不同，所呈現出來的形象不同罷了！就像河流流經不同的區域時，所呈現出來的顏色清濁各自不同的，但是河流的本質並未因此而不同。

「照見」要照的是自己所選擇的鏡子，並且從鏡子中所反映出來的形象，來探索真實的自己，並從這些各種不同面貌當中，看見自己內心裡面永恆不變的本質。

人都是主觀地賦予生命某種意義的

有二篇流行於網路的文章：

他是一個冷酷無情的人，嗜酒如命且毒癮很深，某一天，在酒吧裡因為看一個酒保不順眼而動手殺了他，犯下了殺人罪，被判終身監禁。

他有兩個兒子，年齡相差才一歲，其中一個同樣有毒癮，專靠偷竊和勒索為生，後來也因殺人而坐監。另外一個兒子卻既不喝酒也不吸毒，不僅有美滿的婚姻，也有三個可愛的孩子，還擔任一家大企業的分公司經理。在一次私下訪問中，問起造成他們現狀的原因，二人的答案竟然相同：「有這樣的老子，我還能有什麼辦法？」

有兩位年屆六十五歲的老太太，一位認為到了這個年紀可算是人生的盡頭，於是便開始料理後事；另一位卻認為一個人能做什麼事不在於年齡的大小，而在於怎麼個想法。於是，她在七十歲高齡之際開始學習登山。隨後的二十五年裡攀登近百岳，且於一九八七年以九十一歲高齡登頂富士山，打破了攀登此山年齡最高的紀錄。她就是著名的胡達．克魯斯老太太。

同樣的一面鏡子，每個人所看到的景象及心得各不相同。同樣有個殺人罪犯的爸爸，同樣以他做為鏡子，其中一個兒子，有樣學樣，專靠偷竊和勒索為生，後來也因殺人而坐監。但另一位兒子，卻看見另一個不同的自己，反而有著幸福美滿的人生。照同一面鏡子，看到的部分卻大不相同，結果當然有天壤之別。

唐太宗說：「以人為鑑，可明得失。」意思是根據他人的反應來檢討自己的缺失。同樣的人，同樣的一面鏡子，每個人所看見的可能是不一樣的，反應、想法及感受也跟著不一樣。就像有同樣的父親，其中一位幾乎完全複製他的行為；但另外一位，以父親的行為做為警惕，力求改進並開創出新的可能。

「**一個成為自己的人，能夠卸下過去的負擔，並擁有全新的意識**。」就像故事中那位沒有走上歧途的兒子，能夠卸下過去的負擔——爸爸的陰影，用新的思考方式，來開展自己的人生。反觀另一位兒子，不斷的複製自己父親的陰影，結果也走向父親那條不歸路。避免鏡子所反映的形象，成為我們內心揮之不去的陰影，我們必須「別再受他人的影響，開始往自己的內在去看，讓自己的內在感官對你說話，全然的信任它並投入它，它將會成長茁壯」。

除了「人」可以是一面鏡子以外，萬事萬物也是我們的鏡子。同樣面對「六十五歲」，每個人的心態也不一樣。就像故事中的那兩位老太太，一位忙著料理自己的身後之事，另一位則忙著去探索開發新的自己。「新的事物雖然會使人覺得陌生，但是誰曉得呢？新的事物或許是貴人，或許是小人，我們無從掌握！唯一的方法就是讓它發生，我們才會看得到生命想為我們展現的風貌，及想要給予我們的禮物。」

「照」是觀察，「見」是體驗。「照」是觀察鏡中的自己，「見」是體驗生命的奧妙。一個是觀察外在的境界，另一個則是體驗內在的殿堂。我們得將內外連結起來，不能完全的處在外在，當我們承受不了外在世界時，就回到自己的內在殿堂。但也不能全然的安於內在，當起宅男宅女，這樣只能像井底之蛙以管窺天，無法看見生命的全貌，得到老天賜予的禮物！

心理測驗

選擇不同型式鏡子的人，往往反映出自己內心不同的情境。藉由以下的心理測驗，來看看所反映出來的自己，是什麼樣子的？

題目：女人們往往重視自己的儀容，所以攬鏡自照是免不了的行為。因此成為淑女們包包裡面，必備的隨身物品。有天當你走到生活用品店，架上擺著五種類型的鏡子，你會選哪種鏡子呢？

A、四方形鏡
B、圓形鏡
C、橢圓形鏡
D、三角形鏡
E、形狀不規則

選擇A：自戀程度：30%

你的自戀程度極低，屬於自視平凡型。對自己的外表不是很有信心，因此認為自己只是個普通女孩。雖然自戀程度低，但多多少少也對自己的自信心不足。因此也在感情這條路上，常常躊躇不定，難以發揮勇氣尋求真愛。

選擇B：自戀程度：50%

你自戀程度普通，了解自己外貌不算十分美麗，但至少也敢大方的展現自己。樂觀大方、坦白天真的你，在人群中顯得相當親和，別人都喜歡和你相處。若參加選美比賽，是獲得最佳人緣獎的熱門人選喔！

選擇C：自戀程度：70%

你的自戀程度不算太高，覺得自己外貌出眾，只要再使氣質更加優雅就更棒囉！不過可能對於自己的外型相當滿意，因此有點孤芳自賞，對於不認同你的人，認為他們不懂得欣賞罷了！也因為如此，萬一失戀的話，就可能接近崩潰邊緣。可能就此對異性有負面的看法及感受，對愛情也不再抱任何期待。

選擇D：自戀程度：90%

你自戀程度是超乎常人的高，對自己外貌身材有著高度的自信，只要一逮到機會，就會展現自己的魅力。因此流連在各種愛情遊戲中，以遊戲人間為生活目標。但要小心的是，玩火會自焚！得控制好自己的電力喔！

選擇E：自戀程度：100%

你自戀程度簡直高得離譜！認為自己是「可憐飛燕倚新妝」的超級絕世大美女。，你大概是屬於「身不離鏡，鏡不離身」的人。即使如此的熱愛自己，但不代表自己的另一半，也會如此的熱愛自己。多分享多欣賞他人的優點，不也是一種展現熱愛自己的另類方式？多愛別人，愛的能量也能回流到自己的身上的喔！

照見↑五蘊↓皆空

身心的揉合藝術

1. 當你生病時，你認為只是「身體」生病了？還是與心理因素有關呢？
2. 你認為身心是互相影響？還是各自運作的呢？
3. 曾經在什麼樣的情境之下，你深刻的體會到身心是緊密結合在一起的呢？

經典文句

〈佛家版〉

1. 根據維基百科解釋「五蘊」：

舊譯五陰或五眾，佛學術語。五蘊的意思，根據天台宗《摩訶止觀‧卷五（上）》所謂：「陰者，陰蓋善法。此就因得名。又陰是積集。生死重沓。此就果得名。」

五蘊是指：「色蘊」，總該五根五境等有形之物質；「受蘊」，對境而承受事物之心之作用也；「想蘊」，對境而想像事物之心之作用也。「行蘊」；其他對境關於嗔貪等善惡一切之心之作用也。「識蘊」；對境而了別識知事物之心之本體也等。

2. 根據《國語辭典》的解釋：

佛教用語。**「蘊」為堆、積聚的意思**。佛教稱構成人或其他眾生的五堆成分為「五蘊」。分別為色蘊、受蘊、想蘊、行蘊、識蘊。其中除色蘊之外，其餘皆屬精神層面。**「色」指組成身體的物質，「受」指感覺，「想」指意象、概念，「行」指意志，「識」指認識分別作用。**由於每一種蘊，都是由許多分子積聚而成，故稱為「蘊」。《般若波羅蜜多心經》：「觀自在菩薩，行深般若波羅蜜多時，照見五蘊皆空。」亦稱為「五陰」。

總而言之，「五蘊」就像是我們身心一起整合運作時，所感受到的點點滴滴，即使像點滴般微小，但是經過長期醞釀之後，是滋長智慧的種種機緣，是培育智慧的營養沃土。

〈心理學版〉

綜觀我們一生的發展，都是身心交互影響的。因此在現代心理學當中，有心理學依照人生危機性質的不同，把人的一生劃分為八個階段，而每一個階段在身心發展上，也有各自代表性的特徵。在每一個階段，我們的行為也必須做出符合社會所期待的角色，稱之為發展任務（developmental task），茲將身心發展階段的重點及任務，整理如下：

<table>
<tr><th>發展階段</th><th>發展重點</th><th>發展任務</th></tr>
<tr><td>產前期（從受孕到出生）</td><td>生理發展</td><td rowspan="3">1. 會走路。
2. 會吃固體食物。
3. 會說話。
4. 養成大小便衛生習慣。
5. 性別認定並能表現合於性別的儀態。
6. 對簡單事理辨別是非。
7. 初具道德觀念。
8. 開始識字閱讀。
9. 懂得察言觀色。</td></tr>
<tr><td>嬰兒期（0-2 歲）</td><td>動作、語言、社會依附</td></tr>
<tr><td>前兒童期（2-6 歲）</td><td>口語發展良好，性別開始分化，愛好團體遊戲，完成入學預備</td></tr>
<tr><td>後兒童期（6-13 歲）</td><td>認知發展，動作技能與社會技能發展</td><td>1. 能夠表現體操活動中的動作技能。
2. 能與同儕相處。
3. 能扮演適度性別角色。
4. 學到基本的讀寫算等能力。
5. 了解自己是成長的個體。
6. 繼續建立自己的道德觀念與價值標準。
7. 開始有獨立傾向。
8. 漸具民主傾向的社會態度。</td></tr>
<tr><td>青年期（13-20 歲）</td><td>認知發展，人格漸獨立，兩性關係建立</td><td>1. 身體器官與情緒表達趨於成熟。
2. 能與同儕中異性相處。
3. 能適度扮演帶有性別的角色。</td></tr>
</table>

<table>
<tr><th>發展階段</th><th>發展重點</th><th>發展任務</th></tr>
<tr><td>青年期（13-20 歲）</td><td>認知發展，人格漸獨立，兩性關係建立</td><td>4. 接納自己的身體容貌。
5. 情緒趨於獨立。
6. 考慮選擇對象為將來婚姻準備。
7. 學習專長做將來就業準備。
8. 在行為導向上開始有自己的價值觀念和倫理標準。</td></tr>
<tr><td>壯年期（20-45 歲）</td><td>職業與家庭、父母角色、社會角色實現</td><td rowspan="2">1. 選擇配偶結婚。
2. 能與配偶和睦相處過親密生活。
3. 具養家顧口能力。
4. 開創自己的事業。
5. 負起公民的責任。
6. 有良好的社會關係。
7. 提拔青年人。
8. 完成社會責任。
9. 享受成就的滿足。
10. 能適應中年期的身體變</td></tr>
<tr><td>中年期（45-65 歲）</td><td>事業發展到頂點，考慮重新調整生活</td></tr>
<tr><td>老年期（65 歲以上）</td><td>退休享受家居生活，自主休閒與工作</td><td></td></tr>
<tr><td>壽終期（death）</td><td>面對無可避免問題的身心適應</td><td></td></tr>
</table>

綜觀整個身心發展，每個階段都要學會調整並整合自己的身心，才能具有生活的能力，因**此每個人的生命旅程，就像一隻在天空飛翔的小鳥，身和心分別為翅膀，只有翅膀平衡且順利的運作，才能開心的在生命的天空中翱翔**。

而「五蘊」就像是當我們這隻鳥在飛行時，所感受到的氣象。有時刮風下雨；有時豔陽高照；有時萬里無雲；有時烏雲密布。不管氣候如何，天空依然存在，**而這片天空，就像我們的內在殿堂（靈魂）。而氣候則像是外在殿堂（身體）**。兩者互為表裡，「身體是有形的靈魂，而靈魂是無形的身體。」。「深入自己的身體，我們會在內心深處發現自己的靈魂，因此身體是你的朋友，不是敵人。」

因此佛家常說「人身」難得，難得的原因，**其一是身體是經由大地所創造出來的**，我們的身體代表了整個宇宙以及所有的元素。**其二它給我們機會得到靈性的成長**。經由學習，不管是正面或負面的方式，都可以幫助我們進化，如果只盲目的追求物質及肉體的歡樂，那麼我們跟動物沒有什麼不同，我們就會掉入生物的層次。轉世的藍圖可能會讓我們變成「動物」。

雖然當我們看到那些受盡各種寵愛的寵物，有時不免羨慕起來。當這樣的寵物整天無所事事，只要吃喝拉撒睡，但是牠們與人的意識比起來，是沒有辦法得到靈性上的成長的，相較於「動物」，我們的身心給我們足夠的能量與空間，使我們在靈性上得以進化成長。**奧修說：**

「那些能夠感受到身體奧妙的人，才是真正幸運的人。」所以，好好珍惜這個身體吧！

另外，**身體是我們根植於大地的重要基礎，頭腦則是我們伸向天空的枝葉**。但是不要把頭腦裡的東西，硬加在自己的本性上，應該讓本性完全發揮它自己。我們得將身心方面的能量，分享到頭腦及各種感官，讓這些感官得到能量的滋潤，接著回過頭來滋潤我們的身心。這樣才是尊重我們的身體，懂得尊重自己的身心，才會懂得並同理別的生命。

不管是「色」、「受」、「想」，還是「行」、「識」，都是幫助我們身心統合的媒介。藉由「身」、「心」這兩種管道，兩種面向，來幫助我們全然的活出自己的生命。

我們演奏的是生命！

國寶級大師朱銘已在二〇二三年辭世，聽聞此訊息時，感到相當震驚與不捨。在那之前，我曾在「柏立基教育學院校友會何壽基學校視覺藝術科之藝術家生平」文中一覽雕刻大師一生的傳奇，甚為感動。

不只是音樂家或藝術家，甚至是每個具有生命力的人，都可藉由善用「色」、「受」、「想」、「行」、「識」來演奏我們的生命！讓生命更具詩意更增添生命的美感！這就是活出生命的藝術！

雕塑大師朱銘「**拜了雕塑家楊英風為師，他從掃地、泡茶重新做起，時常觀摩老師雕塑的技巧，沉浸在大師的風範中**」。早年在拜師學藝的過程中，學徒多會被教導從掃地、泡茶做起，這些微不起眼的灑掃工作，是為了讓學徒身心沉澱、思緒重新歸零。然後從觀摩中，藉由五蘊的運作，讓自己的身心完全的投入在大師的風範中，觀摩但不模仿，而是站在巨人的肩膀上，給自己全新的視野。

亞里斯米珣（作家）曾說：「藝術不是為了變成稀有的智力精華——是生命，強烈、精彩的生命。」同樣的道理，**藝術不光是藝術，五蘊不光是各自為政獨立運作的五蘊，用藝術的方式來揉合五蘊，那麼我們的生命，是強烈且精采的！**楊英風大師說：「藝術應該要求新的內涵，新的精神表達。」是的，我們每個當下都是無常的，經由生命的藝術，我們每個當下都有新的內涵、新的精神表達！

對自己的身心，我們應經由五蘊的五種面向，不斷的探索和找尋。「享受每一個片刻，完全投入於這個片刻，全然的體驗它，不要有任何遺憾！」這是我們對生命的尊重，這是體驗生命的藝術，這樣才能體會到人生的真善美！

空白且寧靜的當下

1. 在一天的生活當中，你有沒有一個屬於自己的「空白」時刻（gap hour）？
2. 在這個「空白」的時刻中，你的腦子是喧囂不斷還是寧靜無波呢？
3. 從出生到現在，你有沒有為自己安排過「空白」的一年（gap year）？

經典文句

〈佛家版〉

根據奇摩知識解釋：「照見五蘊皆空，度一切苦厄」，是行深般若波羅蜜多時所得的結果。**照見，是能觀之智；五蘊，是所觀之境；皆空，是以能觀之智，觀於被觀之境，所獲得的結論。**菩薩行深般若波羅蜜多時，以甚深微妙般若真空的智慧，照見五蘊諸法，原無自性，其性即是真空，所以說：「五蘊皆空」。佛教認為一切事物的現象都有各自的因緣，並無實體的概念。例如「空門」或「色即是空」等。

「空」在字面上有下列解釋：「沒有東西的」如「空屋」、「不切實際的」如「空言」、「廣闊、高曠」如「海闊天空」及「虛無所有」如「空無」等。以上是就字面上所解釋的。

但從情境上來看，它是一種改變的過程。從「無」到「有」，再從「有」到「無」。就像從「生」到「死」，再從「死」到「生」，一種自然界不變的定律。雖然是不變的定律，但是變化卻是無常且無一定形狀的。就像我們觀看天空時，它的情境是變化無常的，一會兒萬里無雲，一會兒烏雲密布……。

人生亦是如此，台語俗諺說得好：「搖擺（囂張）沒有落魄得久，攏是相遇得到的。」前一分鐘還正在得意洋洋喜不自勝，下一分鐘可能沮喪失落、失魂落魄。

因此，「空」象徵著「無常」。我們身心所體驗到的「五蘊」皆為「空」，如果生命是如此的變化無常的話，那我們該用什麼樣的態度來面對？奧修說：「佛陀選擇了一個真的非常有潛力的字『空』。在英文裡面找不到一個能夠完全與之對等的字。這個「空」並非什麼都沒有，**它是所有的一切，它包含著所有的可能性正在脈動著。它是潛力，絕對的潛能**，只是它尚未顯現出來，但是它包含著一切。」

這樣獨到的見解，把「空」的境界提升到一種更無窮、更無限的境界！我們一向喜歡，甚至依賴生活中的安全感來生存，但實際上生命沒有保證快樂條款，也沒有任何一種保險可以保證我們的生命可以一帆風順。**正因為如此，我們才可以體驗到生命的無限可能，並且藉此挖掘自己的無限潛力！由此可此，「空」並非完全的一無所有，甚至了無生趣，而是生機無限！**

〈心理學版〉

只要我們活著的一天，每天的二十四小時，大腦就會持續不斷的學習。就像我們的心臟一樣，持續的運作著……。而我們的腦子當中，約有一千億個神經細胞，除非腦死，它們總是不斷的運作著。

加拿大的行為主義學家赫伯（Donald Olding Hebb，加拿大心理學家，認知心理學的開創者）認為這種神經細胞的網路非常的有趣，它的有趣在於只要腦細胞不死，它就會不斷的運作，不斷的學習……。他提出一個假設模型：神經細胞彼此之間會在關聯中不斷的學習，而他的實驗也成功的證明這個論點。

而這個論點因此稱之為赫伯定律（Hebb's law）或赫伯學習法則（Hebbian rule）。**赫伯定律描述了突觸（synapse）可塑性的基本原理，突觸是用來連結神經細胞，而且當這些神經細胞活動時，逐漸強化它們的活動程度**。腦便是藉由這樣的運作情形來不斷的學習。

這個定律除了告訴我們腦的特質之外，更重要的是，它告訴我們腦永遠在運作著，而且持續不斷的儲存新的體驗，這樣的情形，正足以說明為何人可以「活到老，學到老」。**學習沒有限制，越是積極的去體驗各種事物，即便是一個微小而不經意的動作，都會在腦中造成「凡走過，必留下痕跡」**的效果。

不管是正面或負面的體驗，這些體驗就像老式（黑膠）的唱片機上方的針頭，隨著時光的流轉，在唱片（腦子）留下深刻的痕跡。每一**種體驗，不管是喜怒哀樂，無論酸甜苦辣，都會**

在我們的腦海裡，留下走過的足跡。而每一種體驗，就如同廣闊的海洋裡，有著深不可測的礦物質和生物。不管是蘊含著什麼樣的物體，它都是幫助我們此生更豐富的基石！

而正因為命運的不可知，生命的不可限量，我們的腦子也如深海一般深不可測……。這樣無法預知的生命，正是生命的真相，而象徵無常的空，也是生命的本質。就如同我們深不可測的腦海一樣，是無常的，是流動的。所謂的人生，本來就無法算計，因此，好好的去體驗未知的人生，並發揮自己的豐富情感，才稱得上活出生命，活出自己來。

從容放空的內心

翻開自己的行事曆，在密密麻麻的活動當中，有沒有一欄是自己的「空白時刻」？

腦科權威茂木健一郎說：「所謂的『感動』，就是腦促使記憶和感情的系統活化，試圖抓住當下正在經歷的事情，並體會其意義的功能；腦竭盡全力記錄著我們正在經驗的事物，試圖在腦中留下痕跡作為今後生存的指引。**感動就存在這個過程中。**」

我們的生活，如果沒有感受到活著的脈動；我們的人生，如果沒有感受到心裡的悸動，就不會快樂！愛因斯坦說：「放棄感動的人，如同行屍走肉，生亦若死。」

可是「感動」往往經由「五蘊」這些媒介或管道，才能深刻地感受到。因此我們得在我們繁忙的生活當中，找出屬於自己的「空白時刻」，來充分感受這五蘊的真善美！

這樣的「空白時刻」，不一定得在燈光美氣氛佳的咖啡廳中，它可以是在工作場所中的某個小角落；它可以是在交通運輸工具上的一種閉目養神；它也可以是在全家人都入睡後，自己獨然欣賞夜景的時候……不管是什麼樣的時刻與地點，是一種全然且單獨的與自己相處的情境。**在那樣的「空白時刻」，那種從內心深處所湧現的寧靜、安詳，甚至是喜悅，正是我們對生命的感動！**

「當寧靜降臨時，頭腦不見了。當頭腦在的時候，就不會是寧靜的。寧靜是一種內在的健康，頭腦是內在的疾病、內在的干擾」。空白的時刻，是幫助我們藉由五蘊來按摩身心和腦，在按摩的過程中逐漸累積沉澱，最後當寧靜翩然的到來，內心的感動將會在我們的內心，像漣漪般擴散出去……

「空白」的「空」象徵著「無常」，即時常變動，在佛家用語當中，指剎那生起，生已即滅，生生滅滅轉變不已。不管是字面或佛家的用語，都代表一種無窮的彈性與變化。想要在生活當中多創造悸動，想要在生命當中多累積感動，就可以為自己創造更多種生活的方式，**在人生中開創無限的可能，這才是體驗無窮感動的不二法門。**

突破臨界點的跨越

1. 回想過去的體驗中，曾經歷過即將接近身心靈極限的經驗嗎？
2. 你能分辨出「跨越臨界的經驗」與「崩潰」的不同嗎？
3. 選擇被人生風暴擊潰、搞瘋，還是選擇跨越自我的臨界點？

經典文句

〈佛家版〉

斌宗上人《般若波羅密多心經要釋》解釋：度指度脫。

而就字面上的解釋，則有「過」、「經歷」、「跨越」及「從此岸到彼岸」的意涵。這些意涵除了表面上的行為動作之外（身），更重要的是，心靈上的跨越，與跨越後的超然心態。

誠如聖嚴法師所說的：「面對它，接受它，處理它，放下它。」面對它，才能看清自己身心靈的臨界點[6]；接受它，認清自己所要超越的臨界點在何處？處理它，身心靈全然的投入與體驗；放下它，指跨越臨界點後超然閒適的心態。

吵架，是我們常常會遇到的情況。通常會吵架的原因，是先有心中的矛盾、衝突，以及情緒上的憤怒，再加上肢體或語言上的暴力，之後所產生的行為。吵架，猶如輕微的小地震，讓地底下的能量有所釋放。但是到了打架及傷害生命等行為，就已經到了超級大地震及海嘯的程

6 教育部重編國語辭典修訂本解釋：自然界中的物質變為同一而僅成一相（如氣體或液體）的一點。像水蒸汽在攝氏三百七十四度以上時，無論如何壓縮均不液化，該溫度即為水的臨界溫度，當時的狀態（壓力體積等）即定為臨界點。後也用以形容事物待變的關鍵。如：「昨晚的爭吵，是他們夫婦關係破裂的臨界點。」

度了！

如何避免這種嚴重的災難，在自己及別人身上發生，就要非常的警覺。除了保持「覺知」的習慣——「覺知」自己及別人的臨界點，更重要的是，不斷提升並跨越自己的臨界點，這樣才能從此岸到達彼岸[7]。我們身體的臨界點很容易感覺到，例如疲累及疼痛等。心靈上的臨界點，通常具有「壓抑」、「憤怒」、「悲傷」及「痛苦」等負面特質，並且已經達到一個快要「夠了！」的境界。處理不了這些負面的情緒，並且不斷的累積，人可能就會發瘋了。

奧修認為，當心中累積太多釋放不掉的壓力時，人可能就會發瘋。「發瘋只不過是所有的壓抑達到一個你再也無法控制的點時所出現的狀況。瘋狂是可以被接受的，但靜心卻不被接受，然而靜心是唯一能夠使你變得完全健全的一條路。」是的！只有靜下心來，尋求突破之道，釋放你的不安不定，讓它自由流動，拋開束縛。**《心經》最主要的功能之一，就是將「崩潰」蛻變成「突破」**。

〈心理學版〉

現代人生活在各種壓力當中，「生活壓力」多是指心理方面各種無形的壓力，而且處於生

7 佛教用語。指解脫後的境界，為涅槃的異稱。

活壓力之下的人，多半都有不愉快的情緒。除此之外，一般人並不太了解，生活在壓力之下後的情緒會有什麼樣的後果，接下來，我們就來一窺生活壓力的真正面貌。

一、生活壓力（life stress）的定義

「壓力」是指個人在面對具有威脅性的刺激情境中，一時無法消除威脅脫離困境時的一種被壓迫的感受。而這樣的感受常因為某些生活事件而持續存在，就會變成個人的生活壓力。舉例來說，當學生的，多多少少會面臨「考試壓力」，但就事實來講，則是「在面對考試困難的情形下，學生所感受到的壓力感」。

二、生活壓力的來源

1. **生活改變：**所謂的「生活改變」，是指個人日常生活秩序上發生的重要改變。例如換了新的工作環境，或者來了一位新的主管，多多少少會造成工作上的改變，及調適上的壓力，因此就形成了「生活壓力」。

2. **生活瑣事：**所謂的「生活瑣事」（daily hassle），指的是日常生活中經常遇到且無從逃避的瑣事。雖然是小事，但是長期以往，就會對身心造成不良的影響。例如夫妻可能為了擠牙膏的方式不同，長期以往累積下來，往往就會成為夫妻不和甚至離婚的「導火線」。有句話說：「壓死駱駝的最後一根稻草。」說的正是由於生活瑣事所造成的深遠影響。

3. **心理因素：**在造成生活壓力的心理因素方面，挫折和衝突是最主要的原因。

- 挫折（frustration）：「挫折」是指當事情進行的不順利或失敗時，往往會形成由各種負面情緒所交織而成的感受。這種複雜的心理感受，我們稱之為「挫折感」。舉例來說，工作上一直得不到主管的肯定，長期下來，就會形成一種「挫折感」，甚至成為一種無力感。
- 衝突（conflict）：「衝突」是指一種心理困境，形成這種困境的原因，是因為個人同時具有多種期待或者多種選擇機會，且無法同時得到滿足所形成的。例如帥哥或美女，雖然因為有亮眼的外貌，而比較容易獲得多人的青睞與欣羨，但往往因為如此，反而不知如何選擇最適合自己的伴侶，因此形成一種左右為難的內心衝突。

無論是何種原因所形成的生活壓力，重點不在於壓力的「原因」，而是在於我們面對壓力的「態度」。其實心理學上的諮商或治療，頂多是在我們心裡的裂痕上縫縫補補，負面能量過於強大而接近爆裂時，也只能再多縫幾針。奧修認為，「當情境裡有壓力時，別逃開，別恐懼，要進到其中，運用壓力來奮力一搏。」這才是能「度」過壓力的積極心態！度一切苦厄中的「度」，除了希望我們有意識地去經歷接近崩潰的情境之外，並且將它轉換成「突破」。

這時我們得發揮「行深」的精神，全然的體驗，這是靈魂中最大的探險，即使沒有人可以保證我們不會崩潰，但是我們還是勇敢的去冒險，做什麼事都行，只要將那些重擔予以卸除，讓負面的能量得以抒發出來，破壞舊有的思維或框架，當我們這樣做的時候，我們會驚覺到自己已經從面臨崩潰的臨界點，瞬間「度」過原有臨界點！那真的是我們心靈史上的一大突破。

舉例來說，「憤怒」和「寬恕」就像是銅板的一體兩面。它們總是在對方的背後。**當我們憤怒到達臨界點時，要不走上負面崩潰的一途，或者，我們還有更另類的選擇——去翻開銅板的另一面——「寬恕」**。當我們能夠很全然的去了解與體驗「憤怒」的這一面時，很自然的，我們也會想要知道「憤怒」的另一面是什麼？如果願意去了解及嘗試的話，慢慢的，我們就會「度」過憤怒的臨界點，到達新（心）的里程碑——「寬恕」。

當然我們也可以選擇將銅板藏起來，或視而不見，甚至當作這些負面的情緒，完全不存在。例如沒有恐懼、沒有悲傷、沒有憤怒。那麼我們永遠都無法體驗無懼、慈悲及寬恕。**對於那些能坦然接受自己負面情緒的人，並全然的投入負面情緒的人，他們將比較容易「度」過原有的臨界點，而來到新（心）的起點**。因此《心經》就是在幫助我們，就如同內在的煉金術一樣，去蛻變及轉化這些負面情緒。

經典小品

我在寫此文時，正在急診病房守護著媽媽。這已經不是我第一次在急診病房寫文章了。二○一一年的七月媽媽急性腸胃炎急診，八月家父腦中風住院，九月家母又因高血壓急診……整個暑假，我的人生不時的面臨著「防空演習」……

在紛紜雜沓的醫院裡、在把屎把尿的日子裡、在心驚膽戰的時刻裡……，我有種被一雙看不見的手搖醒的震撼，那種猛然、心不甘情不願且無法預知無力感。

面對無法預知的生命，我們能做的，難道只是任其擺布嗎？

「『破裂』也是一種看見」人生就像個茶葉蛋一樣，到處裂痕斑斑，各種娛樂活動或心靈諮商，只不過是縫縫補補甚至是「化妝」罷了！即使線拆了！疤痕仍然存在。我體悟到，「如果一個人會在剎時間面臨許多考驗。那一定具有某些意義。」如能以積極的態度來面對這些裂縫就是一種「突破」。

「每個人的一生，都曾有過擦傷跌痕。如果你嫌棄貼著OK繃或是透氣膠帶很難看。如果我們一心抗拒留下難看的傷疤，那麼，我們將無法體悟老天的安排！」誠如聖嚴法師所說的：「面對它，接受它，處理它，放下它。」面對人生中的坑坑疤疤，我們只能不斷的面對它，接受它，處理它，放下它，不要錯過任何機會，不管什情境來臨，全然的去經歷與冒險，並且永遠選擇並體驗生命！

度一切苦厄→舍利子

擁抱光明與黑暗

1. 你是個「避苦趨樂」的人，還是「先甘後苦」的人呢？
2. 你認為「成功」與「失敗」的關係為何？
3. 「光明」與「影子」你會選擇何者，為什麼？

經典文句

〈佛家版〉

斌宗上人《般若波羅密多心經要釋》：一切，概括之詞，表示世間痛苦與災難的事是無量無邊的。

而就字面上的解釋，則有「全部」、「所有」的意思。每個人的情緒都脫離不了喜怒哀樂這四種範疇。但仔細一看，其實都脫離不了「苦」。週間辛苦工作後週末時，終於可以喘口氣，於是就跟大部分的人一樣，去看電影吃大餐，但是在下決定的過程中，我們會為「選擇」而苦惱，我們會為「花錢」而苦惱。總之，「苦」好像影子一般，不斷的跟著追尋快樂的腳步——就如同黑暗與光明。若是沒有「黑暗」，也不會知道什麼是「光明」。

人生的喜怒哀樂，無法像我們在吃大餐時，愛吃什麼就點什麼。大部分的人，想要的是功名利祿、升官發財等等。這些東西看似可以為我們帶來美好的未來，但是有光明的地方就會有黑暗。就像明星一炮而紅了，但是負面新聞也跟著增多。錢賺得夠多了，卻為如何處置家產而煩惱不已……。

由此可見光明與黑暗，就像日光與影子的關係，是息息相關的。想要擺脫影子的跟隨，最根本的方法，就是消除掉自己，就不會再有影子了！可是這樣的話，我們就無法得到光的滋潤了……。**所以與其詛咒黑暗，倒不如擁抱光明，更開放一點的話，連黑暗都一起擁抱，並慶祝光明。這才是能夠擁有一切，並且深入體驗一切的心態。**

有句話說：「其實順境與逆境，都是生命的一部分。當你明白了並接受人生的不完美，你將會發現，每一道癒合的傷痕，反倒讓你的人生活得更加精采。」順境於光明，如同逆境之於黑暗，黑暗與光明，就像大地中的太陽與月亮，是息息相關的，是不可或缺的，**這樣充滿黑暗與光明的人生，是每個人來到世上必點的「套餐」，但無法「單點」。**

「單點」如同牛頓的絕對論，但「套餐」如同愛因斯坦的相對論。諾貝爾和平獎得主劉曉波是這麼看待相對論：「原本二十世紀前，人類已經習慣了牛頓所帶來的絕對真理與絕對價值，它的權威性提供了一種絕對安全感和最後歸宿感，可是相對論卻像一口巨大的喪鐘在人類頭頂轟鳴，使人們從牛頓教條弄得呆滯的狀態下醒來，把人們一勞永逸的樂觀夢想，變成前途茫茫的悲觀困惑。」

是的，但不管你是悲觀還是樂觀，無論你手上拿到的是好牌還是爛牌，都不要迷失自己。

在生命契約書當中，可沒有快樂保證條款，如同基金理財的商業廣告，投資理財有賺有賠。投資前應詳細閱讀投資說明書。同樣的道理，人生沒有絕對的快樂與痛苦，有苦有樂悲喜交集，如果你現在才知道要先詳細閱讀人生契約，還猶時未晚，**《心經》則是我們體驗人生的輔導手冊**，也別忘了一起詳細閱讀喔！

〈心理學版〉

生活在現代社會中，每個人都得要面臨很多重的生活壓力。**生活壓力是無法避免的現實問題**。每個人在面對生活壓力時，會有其身心上不同的反應。

一、生活壓力下的生理反應

1. **急性壓力症**：只要是具有生命的動物及人類，在突然面臨具有威脅性的情況時，在產生情緒的同時，**身體也會自動發出如「總動員」的反應現象**，例如可能向對方攻擊，也可能馬上逃離現場。而這種現象有助於個體馬上進入應急狀態來維護生命的安全。

2. **一般適應症候群**（general adaption syndrome，**簡稱** GAS）：

- 警覺反應期：在這個階段當中，由於刺激的突然出現，在生理上會出現心跳加快、血壓升高的「總動員」反應現象。
- 適應及抗拒階段：在這個階段當中，個體漸漸適應外界壓力，生理功能會漸趨正常，表現效率甚至更高。但是如果壓力持續下去，個體的適應能力可能就會下降，到達下面的第三階段。

- 衰竭階段：當個體到達這個階段時，適應能力逐漸喪失，整個人可能陷入深層的負面情緒中，更嚴重的話，陷入崩潰的狀態，並繼而死亡。

總而言之，個體對環境的壓力，具有相當大的抗拒力與適應力。但是如果個體在適應壓力的過程中，又產生新的壓力，例如「禍不單行」或「屋漏偏逢連夜雨」，都將會使我們的適應能力大減，提早進入衰竭或崩潰的階段。

二、生活壓力下的心理反應

由生活壓力所引起的心理反應，在性質上多屬於負面的情緒反應。而這些負面的情緒，則往往隨著時間長短，在心理上會有不同的反應。

1. **長期生活壓力**：長時間承受負面情緒的結果，自然會對人的身心產生不良的影響，甚至成為心理適應困難，導致心理疾病。

2. **短期生活壓力**：短時間所承受的壓力，將會隨著壓力來源的消失而消失，未必會對人產生不良的影響。

其實不管是長期或短期的生活壓力，重點不在於壓力期間的「長短」，而是在於我們面對

壓力時的「態度」。

靜心自得

人類文化學家瑪麗安娜．卡普蘭（Mariana Caplan），在《失敗，也是一種力量》一書中寫道：「當我們執迷不悟，繼續在世俗感官的快樂上變花樣或下功夫時，就會有所謂物極必反的現象。」

「曾經有一位名暢銷雜誌的記者到佛教寺院訪問，他問眾僧：『現在的修行生活，你快樂嘛？』

第一位和尚回答：『當然，我很快樂。』

第二位說：『有點辛苦，但很值得。』

第三位則說：『有時候很快樂。』

最後，有一名和尚告訴記者說：『我們的修行與快樂無關，我們正在實踐靈魂的召喚，這個實踐的過程，你可以說那是快樂，也可以說是吃苦與考驗或是痛苦，然而，修行無關快樂與痛苦，你的問題問錯了方向。』」

在西方世界的消費經濟邏輯觀，一直鼓吹我們要「快樂」（這裡的快樂只「物質」上的快樂），**但是生命的契約當中，並沒有保證快樂條款**，我們想要快樂，於是用盡心血想盡辦法花盡財富想得到快樂，但得到之後又如何呢？於是我們被迫追逐下一個快樂或下一個目標，好滿足我們心靈及感官的享受。

不要忘了！**當我們追逐快樂（光明）的同時，苦（影子）仍然會緊緊跟隨著我們**。如果能抱著修行的精神，勇於實踐內心的信仰，全然投入後的心滿意足，才是一種「度」，才是超越快樂和痛苦，內心的平靜和喜悅才能湧現……

如果我們能跨越並突破自身負面的情緒，也就是所謂的「度」，那麼負面情緒就是培育智慧的搖籃。將心中的負面情緒，經由內在轉化成正面情緒後，還有一個更高的臨界點在等待著我們——那就是超越正負面的情緒。

超越正負面情緒，不是讓自己成為一個毫無情緒或不被情緒所影響的人，而是充分的運用「覺知」，覺察自己為何而喜？為何而悲？理解之後就放下它，如同范仲淹所說的：「不以外物美適而喜，不以己身困厄而悲。」換句話說：「不以景物險惡而悲，己身聞達而喜。」不以物喜的同時，也包含不以己喜的意思。不以己悲的同時，也包含不以物悲的意思。所以不管是在說物還是己，都同時包含喜及悲的意思。簡單來說，就是**總之不以外在環境和己身的遭遇**

而喜悅或悲傷。

是的，「度一切」的終極目標，就是不以外在環境和己身的遭遇而喜悅或悲傷。因此不管我們遭遇到的事情是幸或不幸，是我們選擇了這個肉體，是我們選擇了這個家庭，是我們選擇了遇到這些人事物。如果我們選擇好的一面去發展，就可以消除我們的痛苦與無知，都是來幫助我們發揮潛能以學會人生的功課，成就我們的人生，我們的生命才能因此得到進化！

《心經》的目的，就是幫助我們將內在的佛性覺醒起來，等到我們完全甦醒之後，我們也將解脫貪、嗔、癡所帶來的種種折磨，唯有如此，我們才能擺脫遙遙無期的人生輪迴……

一切苦厄↑舍利子↓色不異空，空不異色

靈魂的核心價值

1. 你是否曾想過，你的靈魂寄居在何處呢？
2. 如果是在自己的身體裡，你是否有善盡「地主」之誼和責任呢？
3. 你覺得你這位「地主」有哪些可改善的空間呢？

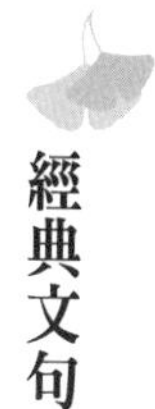

經典文句

〈佛家版〉

舍利子：

- 佛教修行者遺體焚燒之後，髮、肉、骨成珠狀或塊狀的顆粒。以宗教的修行觀念來講的話，修行者往生之後，經過火化所燒出舍利子的多寡，代表此人修行程度的高低。不過這種看法，仍有許多不同的意見。
- 人名。釋迦牟尼的十大弟子之一，號稱智慧第一。舍利子，是菩薩在講經時，直呼祂的弟子之名，但是要特別注意的是，「舍利子」這三個字，也就是《心經》的真正精神之所在。

以上是就「詞語」來看，接下來將拆解「字面上」的意義。

舍，是指房舍，而這間房舍就是我們現在的身體。由於我們的身體就像是一間房舍，而我們這是這間房舍的「承租人」，「房東」則是我們的靈魂。而整間房舍所呈現出來的「風格」，則是經由我們（承租人）的「五蘊」（色蘊、受蘊、想蘊、行蘊、識蘊）綜合運用所呈現出來的風格。從一個人所住的地方，也大致可以了解他的個性、行為與思維方式。

那為什麼我們必須承租這間房舍呢？在生命進化的旅程當中，總要有個地方，好讓我們的靈魂與意識，有個安身立命之所。這裡的安身，是得以容身之意；立命，是指精神安定。安身立命指有了容身之處，生活有著落，精神上有所寄託。我們的靈魂也才能在安定穩固的地方中，得以獲得滋潤並成長。

生命是一趟進化的旅程，老天爺給我們身體的目的，就是希望我們在旅行的途中，善用這間房舍裡的五蘊去修行，讓生命得以進化。「心是神之舍，身是氣之宰。」在這間房舍當中，身心是互相反映的，「五蘊」便是揉合身心的藝術，藉此展現出個人的氣質。而「利子」則是指「氣」，由此可知，我們這趟生命旅程要修行的，就是在修行自己內在的氣質。

老天爺給我們的這副身體，我們只有「使用權」，而沒有「所有權」。當生命旅程結束時，我們所擁有的、所體驗到的、所在乎的……通通都歸於零。既然到最後通通都歸於零，我們能做的，就只有珍惜當下，並且放下……。不管房子的外觀或裝潢，經過我們的使用之後，變成是什麼樣的類型或風格的，房子的本質，是很難有所改變的。

「舍利子」代表「**一種個人內在，原來的本質。**」就像電腦一樣，不管它加裝了多少種程式與軟體，基本的作業系統是不會改變的。同樣作業系統的電腦，有的人用它來玩線上遊戲，有的人用它來網路交友，有的人用它當作生財工具……，如同我們本身所擁有的「舍利子」，有的人沉迷於愛情遊戲中，有的人用在追逐功名成就之中，有的人用在爭權奪利當中……

如果能將自身的「舍利子」，用在正確且正面的方向，我們的生命將逐漸的邁向進化之旅，甚至到達極樂的彼岸。但是用在錯誤及負面的方向，就像走錯了路開錯了方向，生命非但無法獲得進化，反而使自己在下一世的生命功課更加異常複雜，甚至在轉世藍圖當中，成為更低等的動物。

總而言之，「舍利子」就是我們與生俱來且累世所形成的「內在本質」，我們的身體，只是暫時租來的房子，總有一天要歸還給老天爺的。如果有足夠的覺知的話，甚至了悟的話，下一世就不需要再租房子了！這樣也許就能帶著澄澈的意識、寧靜的喜悅，到達彼岸。

〈心理學版〉

我們自身的靈魂，累積了好幾世的意識（consciousness），是一種包括多種概念的集合名詞，它的涵義是指個人運用感覺、知覺、思考及記憶等心理的活動，對自己的身心狀態（內在的）與環境中人、事、物變化（外在的）的綜合覺察與認識。

每個人所覺察與認識的經過，就是「意識歷程」。用更簡單的話來說，意識歷程就是個人的身心體驗。

意識隨著不同的時間與空間，因注意及投入的不同，又可分為不同層面，即焦點意識、邊意識、半意識（或稱下意識 subconscious）、無意識（nonconscious）、潛意識（unconscious）。**潛意識之於人，就如同作業系統之於電腦。同樣的作業系統，不管是在哪種廠牌的電腦運作，還是具有同樣的操作模式與效能。**我們前世今生的舍利子，就如同作業系統一樣，不管我們寄居在什麼樣的身體當中，我們的潛意識，仍然透過作業系統，持續且隱約的影響人的一生。

精神分析學派的創始人佛洛伊德，認為人會把之前好幾輩子的創傷，帶進潛意識。經由心理學的諮商及其他方面的專業技巧，將潛意識逼出意識層面，藉此整合前世的創傷和今生的症狀，才能達到治療的功效。

陳勝英醫師[8]經由多年來臨床前世催眠治療的個案後，歸納下列幾個輪迴因果的法則：**每個人的人生都有一個主要課題**。所有的困苦與災難，都是針對人生課題而來，**困苦與災難必須以慈悲、忍辱、寬恕來終結**。今世沒體會了悟，來世得重頭再來面對一次；世世不及格，就必

8 醫學博士暨精神科醫師、作家、心靈研究工作者。陳勝英在台灣大學醫學院完成神經精神科總住院醫師的學程後，於一九七二年赴美國田納西大學醫學院深造。歷任田納西棉花市榮民總院主治醫師、密西根聖約瑟醫院及梅西醫院精神科主任、加州諾瓦克大都會醫院急診部主任，以及南加州大學臨床副教授等，並於南加州自設頭痛及腦科診所十餘年，最後在台灣開設催眠及心理治療工作室長達十多年。是台灣及國際上以前世催眠進行心理治療及心靈研究的先驅之一。

須好幾世在同一個課題中打轉。有些人用自殺來解決今世痛苦，可能來世會遭受更深的痛苦，使得課題更加龐大而複雜，生命更加的麻煩。

我們自身擁有的舍利子，在我們生命進化的過程當中，就像一顆種子一樣。**困苦與災難是培育舍利子的沃土，而慈悲、忍辱和寬恕，則是滋潤這顆種子的肥料及養分，唯有如此，舍利子才能開出生命之花與智慧之果。**

我不能忍受還沒學好就放棄

在生命進化的過程當中，每個人都有要學習的課題。至於課題是什麼？每個人心裡都有數，如果還不清楚的話，想想看，有沒有一直經歷重複同樣性質的事情，那種一直學不來或處理不好的事情，那很可能是我們人生的課題，是我們必須努力練習突破的部分。

在我們的生命旅程啟程之前，我們會向生命學院的老師，請教我們下一趟的生命旅程該學會的課題，例如寬恕、忍辱或慈悲。在啟程之前，我們會根據自己本身的因緣，來選擇生命旅程當中，所遇到的人事物，那就是我們所謂的「命運」。因此就生命進化的觀點來看，沒有所謂的「好命」或「歹命」，不管好壞，都是我們自己選擇的，正所謂「命運操之在己」。

所以當我們出生之前，對自己的功課及使命非常的清楚，因此充滿信心的踏上生命之旅。信心就像我們所擁有的「舍利子」，也就是我們與生俱有的本質，只要我們能全然的發揮自己的本質，就能將自己的潛能發揮得淋漓盡致。而我們的「潛意識」就如同汽車所用的「自動導航系統」，將我們好幾世所累積的潛能，與今生的生命課題來做聯結，這樣我們的生命就能在不斷學習與進化的過程當中，完成此生的課題。

對於我們此生的人生課題或者使命，應該抱持著即使遇到層層挫折，也要咬緊牙關撐過去，要不然此生不及格，世世都得重來，永遠不斷的「租房子」（身體），「付租金」（業障），周而復始循環不已，永遠到達不了那寧靜、平和、喜悅，甚至極樂的彼岸。

舍利子↑色不異空，空不異色

存在的一切

1. 你是否曾想過，顏色之所以產生的原因？
2. 「光」和「顏色」有什麼樣的關係？
3. 在眾多色彩當中，你覺得哪種顏色最適合你，怎麼說呢？

經典文句

〈佛家版〉

1. 色：

「色」就是「形」，或指一切法象，而法象即為**天地間的一切現象**。我們所認識、感知與接觸到的，通通都是法象，亦即整個存在，而存在則是**自我意識中所體驗到的事物**。舉凡我們所接觸到的人事物，通通都是整個存在所顯現的形象。

2. 就「字面上」來說，「色」字具有下列涵義：

- 就表象來說，可指物體表面的色彩。如：「五顏六色」、「五光十色」。人物的面容、神情。如：「不動聲色」、「和顏悅色」。景物的表象。如：「暮色深沉」、「景色宜人」。物體的種類、式樣。如：「貨色齊全」、「形形色色」、「花色繁多」。
- 就深層意義來說，可指物體的品質、成分。多指金銀而言。如：「成色」、「足色」。人類及動物的性慾或情慾。如：「色情」、「桃色糾紛」。

可見不只是「表象」或「深層」，都是「色」的範疇。因此整個「色」的範疇，就是指整個存在。包括你我在內，都是存在所創造的。

〈心理學版〉

色彩心理學專家安琪拉萊特為色彩下了這樣的定義：「色彩是一種光，是生命的源頭，觸及並顯露出人類的靈魂。」我們藉由視覺來接觸「色彩」，來感受它的光和能量。但其實色彩也表現出我們個人的感覺，其深層含意遠遠超過表層的色彩。

色彩心理學研究家，「色彩學校」負責人末永蒼生就下列主要顏色，依據多年研究色彩的經驗，提出下列看法：

1. 粉紅色：愛慕，以及表達幸福的顏色

講到粉紅色，很難讓人不會聯想到花蝴蝶喬伊娜（Florence Griffith Joyner）。她的優異表現也與她選擇的色彩有關，因為據說她的致勝秘訣，就是在比賽中讓自己保持粉紅色般幸福及愉悅的心情，所以在這樣充滿正面的能量之下，常常凱旋而歸。

2. 紅色：充滿生活能量的顏色

有一部非常有名的中國電影《紅高粱》（由鞏俐和姜文主演，張藝謀執導），這部電影雖然有男女主角，但真正的主角正是展現生命澎湃能量的「紅色」。首先，以紅花轎和紅嫁衣所組成的出嫁隊伍。再來，用共飲紅高粱酒來展現對抗日軍的決心。最後，被殺害的女主角體內流出汩汩紅血，並用火紅般的晚霞來烘托。這部戲完全展現紅色既激昂又濃烈的生命旋律，也用紅色來註解女主角激情且又強烈的靈魂之曲。

3.黃色：展現愛與希望的顏色

有不少電影，充分運用黃色，來表達人們追求愛與希望的精神象徵。義大利電影《第二個月亮》（I girasoli/ Sunflower），描述二戰烽火裡所發生的愛情故事。其中有一幕，當女主角放眼望過去，一大片的向日葵花天，完全表達出女主角對先生的愛與希望。因此黃色傳達出女主角充滿愛與希望的靈魂。

4.綠色：產生永恆生命力量的顏色

綠色，是所有顏色的源頭。因為先有綠色的植物，才會有五彩繽紛的花朵。地球正因為有了綠色，才展開一切的生命。所以有關環保的標章或事物，都會以綠色來表達，正是想要經由環境保護的方式，來持續地球的生命力。另外，我們常見的綠燈和緊急出口的標誌，都是使用綠色，也傳神的表達人類對於安全感的需求。

5.藍色：經由反省邁向獨立的顏色

從太空看地球，呈現出一顆藍色的星球。因此我們常見許多廣告，會以藍色來代表地球。在灰暗的太空中，藍色的地球顯得與眾不同。同樣的道理，每個人也是一顆獨一無二的星球，只不過要透過自知與反省，才能發現自己的獨一無二，也才能擺脫其他軌道的束縛，開創屬於自己的運行軌道，因此藍色傳達出獨立的靈魂意義。

6. 紫色：溫柔療癒身心的顏色

除了櫻花之外之外，藤花被認為跟日本人有非常密切關係的花。在日本紫色是貴族色，小說《源氏物語》據說就是以紫藤花為形象寫的，像光源氏最愛的女人是藤壺跟紫上，作者名為紫式部，而平安時代，紫就是藤，藤花是生命力的象徵，也是權力的象徵。也許作者想藉由紫色，傳達出內心深處的靈魂意涵，想要獲得溫柔的心靈療癒。

最後，再將上述重點，表格圖示如下：

色彩	色彩所表達的心靈狀態	色彩能影響的心靈感受
粉紅色	充滿幸福且溫暖的感受	能為自己帶來幸福浪漫及溫暖的感受
紅色	充滿積極與有力的感受	能為自己帶來活力與能量的感受
黃色	充滿希望與自信的感受	能為自己帶來充滿希望的感受

綠色	充滿生命與自然的感受	能為自己帶來舒緩及重生的感受
藍色	充滿反省與自知的感受	能為自己帶來鎮靜極投入的感受
紫色	充滿渴望並獲得療癒的感受	能為自己帶來神聖及療癒的感受

光的波長產生色彩

「**人其實就是一道彩虹**」。人們自身所擁有的七種顏色，分別象徵七道脈輪[9]。脈輪的顏色是一道美麗的彩虹，它儲存了我們在地球上的所有經驗。這七種顏色象徵著人的意識有許多層面和向度，因此人是一個有機體，也是一個複雜的複合體。

我們修行的目的，就是讓這七種顏色，完整的展現自我的光譜。而《心經》就是在幫助我們調和這七種顏色，讓這七種顏色，可以展現出獨一無二自己的風格，沒有一個顏色應該被否

9 第一個脈輪是穆拉達脈輪（MULADHARA），性的脈輪，又稱海底輪。第二個脈輪是瓦迪斯坦脈輪（SVADHISTHANA），就是丹田，又稱臍輪。第三個脈輪是尼普爾脈輪（MANIPURA），又稱太陽神經叢。第四個脈輪是阿那哈特脈輪（ANAHATA），心的脈輪，就是所謂的心輪。第五個脈輪是蘇迪脈輪（VISHUDDHA），喉嚨的脈輪，又稱喉輪。第六個脈輪是阿格亞脈輪（AJNA），就是所謂的第三眼，又稱眉心輪。第七個脈輪是薩哈拉脈輪（SAHASRARA），就是所謂的頂輪，又稱冠輪。

定，就如同我們生活中的負面事情，不要一心只想「NO」要說「YES」，一個具有宗教性質的人，不會去否定任何事物，並且會善加轉化各種事物，懂得轉化蛻變的人，壞的也會轉化成好的；不懂得轉化蛻變的人，好的也會弄成壞的。

《心經》就像個「調色盤」，幫我們用更美好、更藝術，甚至更接近詩意的方式，來調整我們內心中，這些各自為政的顏色，讓它們以更協調、更和諧的方式，來展現自我的光譜，它們將會像一座美麗的彩虹橋一樣，幫我們更順利的連結自我的內在與外在的世界。

舍利子↑色不異空，空不異色↓色即是空，空即是色

觀照自己的天空

1. 你是否曾仔細看過天空?它帶給你哪些感受與啟示呢?
2 有句話說：「每人頭頂各頂一片天。」除了實際的天空以外，在你內心深處是否也有一片天?
3. 你是否常「觀照」自己的那片天空?

經典文句

〈佛家版〉

1.色：「色」就是「形」，或指一切法象，而法象即為**天地間的一切現象**。我們所認識、感知與接觸到的，通通都是法象，亦即整個存在，而存在則是**自我意識中所體驗到的事物**。舉凡我們所接觸到的人事物，通通都是整個存在所顯現的形象。

2.不異：即不離，沒有差別的意思。

3.空：佛教認為一切事物的現象都有各自的因緣，並無實體的概念。

「色不異空」這句話是說，世間上各種形形色色的萬物萬象，在顯現時，我們看得見、摸得著，並且有所體驗及感悟。可是當萬象萬物，消失的時候，看不見，摸不著，則難以體驗及體悟。因此，**這世間一切的色都是空無的**。例如水可以轉化為看得見並摸得到的雨、雪、霜、霧、冰、露等，也能轉化成看不見且摸不著的水蒸氣。但不論它們變成什麼樣子，天空，始終都是那片天空。它的本質不會因為雨、雪、霜、霧等，而有所改變。同樣的道理，色的本質就是空，引申來說，萬事萬物的本質也是空，所以稱之為「色不異空」。

如同老子的《道德經》中所說的，「反者道之動，弱者道之用，天下萬物生於有，有生於無。」這句話是說，萬事萬物以生生滅滅的方式，不停的循環運轉著，但不管運轉的情形如何，最後終將歸於柔弱與寧靜，天下萬物皆從「有」這個概念而來，可是這個「有」也是從「無」這個概念創造出來的。**舉凡我們的所思、所想、所言、所行、所感等，都是虛妄不實的，這就是「色不異空」**。

「空不異色」就是把「色不異空」的觀念翻轉過來的意思。空，也是一種「有」（即色）。即《道德經》所謂「萬物生於有，有生於無」。空的本質是空，而「色」的本質依然是空，所以才會說「空不異色」。空是萬事萬物的本質，是宇宙之間「顛撲不破」的真理。這個「空」有其表層及象徵的意涵。就表層來說，從我們看得到的天空，引申到我們內心深處的那片天空。藉由不斷的觀照，我們內心的那片天空，即使烏雲密布、打雷閃電、颳風下雨，這些不斷產生及變化的「色相」，經由觀照，這些現象只能短暫的存在，來來又去去的，唯一不變的，就是心裡的那一片天空。

而這片天空，也象徵著「空」所代表的真理及智慧，為了這樣的真理及智慧，我們必須不斷的自我探索與找尋！

「空」是人類經驗中最真實的智慧

美國知名諮商心理學家瑪麗安娜・卡普蘭（Mariana Caplan）曾在她的著作《失敗，也是一種力量》中寫道：「這個由心所造的宇宙，可以擺脫時空，這是絕對的真實不虛。」是的，我們用心的話，可以欣賞到天空之美；我們用心體會的話，也可以體驗到自己內在的天空，而這樣的天空，絕對超脫時空，並且能真實的體驗到，由我們內心所創造出來的天空。

而「『色不異空，空不異色』，完全是中性的」這樣的特質，不偏於任何一方的性質。這種由「色」和「空」所創造出來的，是一種能量。我們必須經由不斷的觀照，連結自己內心的那片天空，也就是說，和宇宙連結。經由這樣的方式，才能不斷的提升自己生命的品質。因為「能量是中性的，因此生命的品質完全取決於自己。」

「取決於自己」，沒錯！**我們自己是心裡那片天空的主人**！人生的境遇，有時晴空萬里，有時颳風下雨，不管是不同強烈程度的颱風，還是龍捲風，這些境遇的存在與長短與否，完全操之在己。該在意的，是那片天空，所有好的壞的，都是「無常」的，唯有內心的那片天空所象徵的智慧與真理，才是「永恆」的！

王菲的《天空》中，有一段歌詞，是這麼說的：「我們天空，何時才能成一片？我們天空，何時能相連？等待在世界的各一邊，任寂寞嬉笑，一年一年，天空，疊著層層的思念。」

其實，大部分的芸芸眾生，都還在找尋著，屬於自己的一片天。或者找到了，卻發現那片天空，可能是碎裂不完整的，可能是灰暗，甚至流淚的。**如果自己無法發揮自我的力量與智慧，當天空的主人，我們也很難去連結別人的天空，甚至，連結整個宇宙，開創出屬於自己的一片天。**

超覺靜坐

「如何開創出屬於自己的一片天？」並連結自己、別人，甚至於宇宙，「靜坐」是個可行的方法之一。

瑜珈派的靜坐，最簡單也最普遍使用的，就是超覺靜坐（transcendental meditation，簡稱TM）。這是由印度的教士瑪哈瑞希（Maharish Mahesh Yogi）氏所創立的。

超覺靜坐的六個步驟：

1. 第一步：在安靜的空間裡，盤腿坐在墊子上。空間的光線必須柔和不宜太過光亮。
2. 第二步：閉上眼睛。
3. 第三步：從腳開始，由下往上，逐步放鬆，直到頭部。
4. 第四步：用鼻子呼吸。在每次呼氣時，在心中默數「一」，如此反覆進行到約二十分鐘後，就可自行停止。不建議使用鬧鐘，在進行的過程中，可打開眼睛看時間。等到時間到之後，稍微休息一兩分鐘。這就算是完整的結束練習。
5. 第五步：持續練習，偶有雜念掠過心頭，不必覺得懊悔自責，持續練習。
6. 第六步：每天練習一到兩次，練習時間必須在飯後兩小時後在進行。

色不異空，空不異色↑色即是空，
空即是色↓受想行識，亦復如是

內在與外在的和諧連結

1. 你覺得自己待在外面物質世界的時間多?還是待在自己內心世界的時間比較多呢?怎麼說呢?

2. 你是個能在外面物質世界，待得比較愉快自在的人?還是待在自己的內在內心世界，會比較愉快自在的人?又怎麼說呢?

經典文句

〈佛家版〉

1.色即是空：佛教用語。色，指物質現象。空，即空性。指沒有實體的特性。色即是空，指空性現象的顯現。就像彩虹是雨過天晴的顯現，雨下過了，就暫時沒有雨滴，取而代之的，是短暫的彩虹，但如想要了解彩虹的原貌，即便飛上天空，也會發現什麼都沒有，彩虹只不過是因緣聚合的暫時現象。

2.空即是色：佛教用語。空，即空性。指沒有實體的特性。色，指物質現象。空即是色，指現象是空性的顯現。就像藍天是虛空的顯現，但若飛上藍天想找出虛空的原貌，也不會看到任何東西。這些所體驗到的，也是一種經由因緣聚合的無常現象。

「色即是空」，這句話的意思，**是說擺脫物質世界的種種所體驗到的現象，因為這些現象，都只是因緣聚合的假象。**舉例來說，再怎麼貌美如花，再怎麼英俊瀟灑的外表，終究會有老化、損傷，甚至消失的一天，即使現代醫學美容發達，可以經由整型的方式，來使自己看起來更有魅力，但終究不是真實的自己。

曾經有一則笑話是這麼說的：有一對夫妻，經過辛苦且又漫長的人工受孕過程，終於成功並生下一子。但孩子的爸爸看了孩子老半天，就是找不到像太太的地方，心想：是不是在受孕的過程，不小心弄錯了？想了老半天，他向太太提出了他心中的疑惑，只見太太笑著說：「孩子的鼻子真的像我，只不過是整型前的我。」這就是太執著於外在物質世界所呈現出來的表象的荒謬笑話。

它雖然是個笑話，但這樣的笑話，可能發生在我們身上而不自覺。《心經》提出這樣的觀念，**在提醒我們，不要被表象所迷惑，更重要的是，不要執著於表象**。再怎麼美好的景色，縱然透過科技工具，可以將影像永久保存下來。但是，在保存紀錄的同時，影像又逐漸在改變了……縱使將這些影像收藏起來，甚至牢牢的放在手中，總有一天，也會隨著生命的消逝而消逝。

而不執著於表象，不代表完全放棄我們所感觸的一切現象，而是要幫助我們，**當我們面對這些所感觸的現象，將更加具有穿透力，可看透各種現象的本質**。這樣才能對宇宙造物者的力量，有更深一層的體悟及接觸，而這樣也才能幫助我們，看清生命的本質，並進化自己的生命。

換個角度來看，當我們能看清各種表象的本質時，又會在我們腦海及內心中，產生新的情境。舉例來說，南宋辛棄疾在《賀新郎》的上半闕中的一段話說：「我見青山多嫵媚，料青山見我應如是。」這句話的意思是說：「我看青山是多麼惹人憐愛，料想青山看我也應當覺得是值得憐愛的；這大概是因為彼此感情與容貌相似的緣故吧！」作者在欣賞美景之餘，看到了青山值得眾人憐愛的本質，反過來看，他能看出青山具有這樣的特質，那是因為在他身上，也看見了自己具有值得別人憐愛的潛質或欲望，因此投射在那座山身上。所以，作者眼中的青山，不再只是純然一座青山，而是運用他具有穿透力的觀察，在作品當中，顯現出它（山）及自己的本質。

而「空即是色」，不是說由於一切都是空無虛幻的，因此放棄物質世界中，所呈現出來的種種表象。而是全然的投入並體驗，才能在空無虛幻的現實世界中，體驗到前所未有的情象，藉此開拓自己的視野，豐富自我的生活，並進化自己的生命。

總而言之，「色不異空，空不異色。色即是空，空即是色。」《心經》不斷的重複這個觀念，是希望我們能夠將自己的內在，和諧的與外在連結，甚至和宇宙連結。就像鳥的一對翅膀，能夠與外界連結，而不為外在的物質世界所迷惑。與自己的內在連結，才不會迷失甚至過於執著於自我，**這樣內外在都和諧的情境，生命，才能展現出它多元豐富的面貌，而自己也才能悠遊於生命之海。**

你是否站在沒有覺知的坑洞裡，看世界？

吳九箴在《你的寂寞，是沒有鑰匙的鎖》中寫道：「當你的內在的整個價值觀因此錯亂，你心裡那把尺的刻度，就跟整個社會的尺度差很遠，這些都是沒有保持覺知的結果。」如果我們能夠保持「觀照」的態度，來看待外在世界的表象，就能保持覺知。**保持覺知，就能讓我們內心的那把尺，與外在社會的尺，雖然不至於相差太大，但也不會產生天差地遠的結果。**

「我們常說每個人的心裡各有一把尺」，是的！每個人都有獨特看待事情的角度和眼光，但不要忘了，**人是群體的動物，在群體中保持各自的獨特性，就要保持覺知，這樣才能讓我們的內在世界與外面世界，和諧的連結在一起**，就如同《中庸》一書，強調的「不偏不倚」。簡單來說，「不偏不倚」就是「平衡」是一種理想中的境界。而我們要去做的，就是「保持平衡」。

「保持平衡」最主要的原則，就是「**不用避開極端，但也不要去選擇任何一個極端**。」就如馬戲團中走繩索的人，當他覺得太偏向一側，有掉下去的危險時，就會趕緊移向另一邊，以「保持平衡」。而「保持平衡」的訣竅在於：「**保持走到極端的彈性**」。想要一直位於中間，是一種欲望，更是一種可怕的極端，就如同老式的時鐘一樣，鐘擺會在兩個極端中不停的晃動，若硬要讓它停在中間的話，時鐘也就無法運作了。

「色即是空，空即是色」，「色」和「空」分別代表著兩種極端，「色」代表著外在的世界，「空」代表著內在的世界，我們藉由修行，來觀照內在的那片天空——來來去去的念頭，而**覺知將會幫我們，不會局限在某個極端，但又可以享受豐富的內外在世界**——內在有內在的寧靜，外在有外在的美。

色即是空，空即是色↑受想行識，亦復如是↓舍利子，是諸法空相

觀照內心的那片天空

1. 你是否有過內心空空的，但又說不出所以然的體驗呢？
2. 你是一個忠於自己聲音的人，還是聽不到自己內心聲音的人呢？
3. 你也許認識很多人，但你覺得你真的認識你自己嗎？

經典文句

〈佛家版〉

1.受想行識：

五蘊之中精神層面的受蘊、想蘊、行蘊、識蘊。受（受蘊）指感覺；想（想蘊）指意象、概念；行（行蘊）指意志；識（識蘊）指認識分別作用。由於每一種蘊，都是由許多分子積聚而成，故稱為「蘊」。前面的「色不異空，空不異色。色即是空，空即是色。」的「色（色蘊）」，指組成身體的物質，可謂是物質層面的。「色不異空，空不異色。色即是空，空即是色。」告訴我們物質世界呈現變幻無常的「空」。不僅如此，我們的精神層面（即受想行識），也如同色蘊一樣，也具有變幻無常的現象，也就是具有「空」的特質。

2.亦復如是：

當色蘊具有空的特質時，物質世界是如此的虛幻不真，而與物質世界截然不同的精神層面——受（感受）、想（概念）、行（意志）、識（了別），其實也同樣呈現出空的特質，因此說「受想行識，亦復如是」。

〈**心理學版**〉

很多人，到了四十歲左右，開始漸漸體悟到一些空性，種有點醒但又不敢醒過來，有種有點貪睡但又不敢放膽繼續睡之感，而介於醒與不醒之中的糾葛、矛盾、掙扎、衝突與痛苦，則成為成年期後身心發展與生活適應上的重要課題。

1. 成年後的生理發展：

就心理學來說，「青年期」是身體體能發展的高峰，到了「成年期」體能就會像溜滑梯一樣，很快的往下掉……

就身體發展來說，在成年期時，不只是女性，連男性也有更年期的困擾，只不過男性的更年期，比女性（四十五～五十五歲）更晚出現，大概到了（五十五～六十五歲）才會出現。如果成年人無法調適更年期所帶來的困擾與衝擊，往往會形成中年危機（midlife crisis）——指人到了中年期在心理上所產生的危機感。

2. 成年後的心理發展：

中年危機多發生在四十五～六十五歲之間，除了與「更年期」的因素有關之外，另外還會受到「空巢症期候群」（empty nest syndrome）的影響，到了中年之後，膝下子女多半在異鄉求發展，使中年父母有種難以言喻的寂寞、空虛及無力。另外，再加上事業發展如未能達到個人及眾人的期待，也會有一種力不從心時不我予的慨歎！

3.成年後的生活適應：

人生總免不了會遇到生老病死這四件事，尤其是「病」、「老」、「死」這三件事，是中年之後，逃離不了的課題。有些人覺得既然逃離不了，就只能消極的面對，然而這樣的態度，對於步入中年之後，無助於面對及處理，所面臨的種種困難及挑戰。

就心理學的眼光來看，只有以樂觀積極的態度來面對，才能使成年後的生活，更加具有意義與價值。就《心經》來看，保持不斷的觀照，才能讓我們在要醒與不醒痛苦掙扎之中，完全醒過來！**不管是老天爺搖醒你的、痛醒你的，或者其他方式，不管你多心不甘情不願，時間到了！還是得醒過來！**

如何判斷自己是否醒過來，最重要的依據，就是「自覺」。西方大哲學家修姆（David Hume）曾說過：「了解自己！我有一天也試著去了解自己。我閉上眼睛，走進心裡，發現一些欲念、一些思想、記憶、夢想、想像之類的東西，除此之外，我在裡面找不到其他人。我找不到自己。」這可以說是很精準的描繪，當每個人嘗試看自己內心那片天空，想找到真正的自己時，所遭遇的情境。

那些欲念、思想、記憶、夢想及想像，就類似《心經》中的「五蘊」，《心經》已經很明白的告訴我們，那些都是虛幻無常的，而那個發現欲念、思想、記憶、夢想及想像的行為，就是「觀照」。**了解觀照的唯一方法，就是捨棄心中所有的東西，讓內心保持在空無的狀態，當沒有東西可看時，這個「看」的行為自行發生，這也如同耶穌所講的「轉換」**。當我們觀照時，如能了解這些欲望、念頭及看法等東西，是無法永久存在時，在那剎那間，我們就會開始看見自己，當我們意識中不再有那麼多的念頭、不再有那麼多的聲音時，我們就會開始「自覺」。**觀照，就像一面鏡子般，如實的反映出自己的一切。當我們有「自覺」時，那就像一支小蠟燭一樣，它「照出」我們許多來來去去的看法與感受，可是當這些看法與感受都不在時，只剩下那支小蠟燭還在燒，而它能照亮的，也唯有自己！《心經》就是給這根蠟燭，能夠持續燃燒下去的能量及方法！**

「色不異空，空不異色。色即是空，空即是色。受想行識，亦復如是。」《心經》不斷的強調，我們所擁有的，不管是物質或精神層面的，都具有「空」的特性，我們能擁有一時也不能擁有一世，倘若我們決定在這痛苦掙扎中，醒過來並看透這一切，那麼成年後的生活，將可優游在人生這個遊樂場中，繼續玩各種遊戲，但**不同的是，我們是帶著充分的覺知在玩這些人間遊戲的**，輸了不會嚎啕大哭，贏了也不會仰天大笑，因為我們很清楚的覺知到，那些由五蘊所帶給我們的感受，都只是因緣巧合而產生的，當時間一到，強留也留不住，留下的，就是覺醒之後，所帶給我們的寧靜、安詳與自在。

靜心自得

孔子說：「四十而不惑。」可是美、英兩國科學家分析大量數據後卻發現，中年時期反而是人生中，最不快樂的階段。為何會有這樣的差異呢？這樣的現象，與《心經》中的「色不異空，空不異色。色即是空，空即是色。受想行識，亦復如是」，又有什麼樣的關係呢？

到了四十歲，舉凡家庭、學業、情感及工作等人生面向，都能有所經歷也多少有些體悟，但這樣的體悟，是讓我們更看破人生，還是更看開人生呢？看破人生，也許更加沮喪與失落；看清人生，也許更加樂觀與積極。一切操之在己。

孔子說：「四十而不惑」，這是一個理想的境界，要不然怎麼這麼多人在中年時，步入人生的谷底？這是表面的現象，更是人生深層面向的問題。**想要「四十而不惑」的前提，就是「覺醒」**。如果無法甚至不願意覺醒，那麼就只能讓自己，像個走鋼索的人，走得搖搖晃晃，在旁觀看的人，也不禁跟著捏把冷汗，這樣的走法，不只自己無法享受走鋼索的樂趣，甚至連旁人也跟著擔心……，只有清楚且覺醒的走下去，擺脫心情上的負面感受，才能度過這條鋼索的U型谷，走完這條危險的鋼索！

《心經》就像在走這條鋼索（中年危機）的學習輔導手冊，我們可以先看再走這條鋼索，這樣可以走得更踏實些。如果來不及，已經走上這條鋼索時，邊看邊走，這種「臨時抱佛腳」，不亮但也找到光了！循著這條光線走，自然能平安的走完這條鋼索！

受想行識，亦復如是↑舍利子，是諸法空相↓不生不滅

展現水晶般純淨且成熟的自己

1. 你今年幾歲呢？
2. 這樣的年齡是否真能代表自己在靈性修持上的成長呢？怎麼說呢？
3. 當多數人形容你時，是說你成熟的多？還是說你幼稚的多呢？你的看法又是如何呢？

經典文句

〈佛家版〉

1.**諸法：**根據《星雲大師全集》的說法：**法，是指宇宙間所有的事物，包括物質現象和心識活動等。**人最難掌握的，就是自身的心識活動——念頭及感情。如果我們處在「覺知」的狀態中，那麼所有的念頭和感情，就像天空中來來去去的雲，是無常幻變的，那麼就不會執著於這些自身的看法和情緒，以至於鑽牛角尖，甚至得了憂鬱症。

2.**空相：**佛教用語。沒有真實性的存在狀態，也是「自性」的別名。而所謂的「自性」是指事物的本體、本質，也就是事物的存在狀態。任何世界萬物的存在狀態，在佛家看來，就是一個「空」。而這個「空」並非什麼都沒有，**它是所有的一切；它包含著所有的可能性正在脈動著；它是潛力，絕對的潛能**，只是它尚未顯現出來，但是它包含著一切。

我們的念頭及感情，充滿難以預測的可能性，如此的變化多端、無常，一旦對這些念頭及感情起了「認同」之後，便會開始執著，而執著就如同灰塵一樣，只要有物體的地方，皆能輕易附著上，附著之後，就得用力氣和心血加以清除。因此保持覺知，我們心裡的那片天空，才不會烏雲密布。

〈心理學版〉

就佛家的觀點來看，一個人的覺醒，才是靈性成熟的狀態。而就心理學的觀點來看，一個人的年齡，具有多種面向，茲說明如下：

1. **實足年齡**（chronological age）：指個體從出生之日起所計算的年齡。

2. **發展年齡**（development age）：指代表身心發展程度的年齡。

當這兩種年齡相近或相等時，代表個體發展正常；發展年齡大於實足年齡時，表示個體發展跟一般人比起來較早成熟（身體或心理的）。相反的，如果發展年齡低於實足年齡的話，代表個體的發展比一般人較晚成熟。

「發展年齡」雖然是心理學上用來表示身心發展程度的指標。當個體發展成熟之後，發展年齡的概念就不須再使用了；但這並不代表每個人在成熟之後，身心發展的特徵完全一樣，仍明顯存在著個別差異。

「舍利子，是諸法空相」的整句話意思是說：「舍利子」也就是我們自身的本質，是諸法空相，**是我們輪迴轉世攜帶在自己身上那顆靈魂深處最本質也最獨一無二的核心**，它是最純淨且不惹塵埃的，如同六祖慧能所說的：「菩提本無樹，明鏡亦非臺，本來無一物，何處惹塵埃。」當自己達到一個心鏡澄明的境界時，每一樣東西就不再是一個東西，因為我的心已經澄清透明，無物無我，還有什麼東西能沾染我的心呢？

每個人的「舍利子」，在最初的本質都是最無瑕且最純粹的，呈現出一種「空」的超然境界！舍利子的精神正是諸法空相，祂象徵著本來就是一種神性、一種佛性，而那些我們崇拜的諸神諸佛到底是誰？那就是我們，我們就是神佛。誠如有句話說：「諸聖神佛，都是來自於我們內心的投射。」

我們看到的諸聖神佛，只是經由我們內心的意識，就如同投影機所投射出來的表象，而那個被投射的，就是我們內心裡的佛性和神性。只不過一旦我們脫離母體之後，那條被切斷的臍帶，不只切斷了我們和母親的身體連結，也斷離了我們當初最純粹的本質。而想要再度接通那最純粹的能量，想要再度展現自身的神性與佛性，就是透過不斷的觀照，不斷的覺知，以至於自覺，那麼就能找回自身失落已久的神性和佛性。

如果無法一下達到六祖慧能的境界的話，可參考神秀大師，則「身是菩提樹，心如明鏡台；時時勤拂拭，勿使惹塵埃。」這是置身在紅塵俗世之中的因應之道，用「自覺」不斷的使自己內心——靈魂深處的核心本質，更加的澄澈透明。

簡簡單單過日子

我們不斷的輪迴轉世，最重要的目的就是在「等」，「等」一個更成熟的自己。這種「成熟」不只是指身心上的成熟，還有靈性上的「成熟」。奧修說：**「成熟是一個重生，靈性上的誕生，你已煥然一新，又是個小孩子了，能以新奇的雙眼看待存在，心中滿懷著愛面對生活。在寧靜與天真之中，進入你自身最深處的核心。」**

那個「核心」，就是我們自身所擁有的「舍利子」，也就是我們「靈魂深處的本質」——久違不見的神性與佛性。

「**當一個人愈深入自己內在時，他就會變得愈加成熟。**」

是的，只要我們能朝內心深處更加堅定且勇敢的走下去，內在殿堂的大門將永遠為我們敞開，只要我們不斷朝覺醒的方向前行，那麼心中那顆「舍利子」將會逐漸茁壯長大，臻於成熟！到了成熟的那一天，心中那顆「舍利子」自會綻放出生命之花、智慧之果！

奧修說：「**人們光是年歲增長而沒有成長，這才是問題所在。讓自己成長蛻變，更加成熟，更加警醒，更加覺知。**」在覺醒的路上最主要的障礙之一，就是我們誤以為身體年齡上的長大，就是種成熟的表徵。沒錯，它的確是我們評估身心成熟的指標之一，但是「色即是空，空即是色」，生理上的成熟與心理的成熟未必畫上等號，身心的成熟也未必與靈性上的成熟畫上等號。身心的成熟，有賴於先天的遺傳和後天的環境；**靈性的成熟，則有賴於累世的覺知，直到覺醒的那一刻，才終告成熟……**

隱藏在我們靈魂深處的「舍利子」，在原始的最初，如水晶般，透明、純淨、沒有色彩。我們累世的修行與學習，**就是在力圖讓舍利子保持如水晶般純粹，這樣才能讓舍利子綻放它獨有的光輝並展現它原有的力量，也才能呈現出最尊貴也最真實的自己**。

最後，讓我們問問自己，是否想過要如何度過自己的生活？如何修練我們的智慧？如何進化自己的生命，才對得起自己？對得起自己所擁有、獨一無二的舍利子？**不管是什麼樣的生活方式，都不要偏離「覺醒」這個軌道**，那麼終有一天，我們的生命將開出覺悟之花……

舍利子，是諸法空相↑不生不滅，不垢不淨，不增不減↓是故空中無色

接受自己全然為人

1. 以一百分為滿分的話，你對自己的接受程度，會打幾分呢？
2. 當你內心充滿矛盾衝突與抗爭時，你有什麼樣的感受？是正面的多或是負面的比較多？

經典文句

〈佛家版〉

1.不生不滅：

「生」是生起，是「有」；「滅」是滅卻，是「無」。這是說明事物的存在與否。

舍利子是我們內心的本質，不生不滅的正是舍利子，不生不滅的也就是佛，我們的佛性。若在我們輪迴轉世的過程中未曾生，那又何來滅呢？最重要的是，我們的所作所為，是否對得起獨一無二的自己，甚至是自身所擁有的尊貴的舍利子？

2.不垢不淨：

「垢」是雜染；「淨」是清淨。這是就事物的性質上加以解析。六祖慧能說：「本來無一物，何處惹塵埃？」這話意為本來就看不見也摸不到的舍利子，如何能沾染塵埃？因此這正代表我們應學習蓮花不垢不淨的精神，「出淤泥而不染」，不管外界是多麼詭譎多變、骯髒不堪，應使我們心中的舍利子如同蓮花一般，「出淤泥而不染」。

3.不增不減：

「增」是數量增多；「減」是減少。這是就數量上來解釋。舍利子的數量既無法增加，也就不知道如何減少，難以用我們的感官去感受到祂的重量，因為舍利子的精神就是不增不減的。

佛教認為一切現象都只是因緣條件的組合，沒有現象的本體，人們所察覺到的現象，其實只是個幻相。因此，現象既沒有真實的存在過，當然也就無所謂滅失。

在約西元二、三世紀時，佛教思想家龍樹所撰《中論》一書中詮釋般若空義的綱領，即：不生、不滅、不常、不斷、不一、不異、不來、不去共八種（「八不中道」）。傳入中國後，成為三論宗的重要學說之一。但在《心經》中講的是六相，分別是：不生、不滅、不垢、不淨、不增、不減。這六相通常被分成三對：「不生」對「不滅」、「不垢」對「不淨」、「不增」對「不減」。簡單地說，世間的萬事萬物，一般而言離不開體性的有無、性質的好壞、數量的多少。《心經》就是以這「六不」來說明諸法空相，顯示的空性。

為什麼《心經》要以生滅、垢淨、增減，一對一對的方式來闡明空性呢？這是由於人們的言語思想及意識等，大部分都是有限且相對的，舉例來說：自己與別人、痛苦與快樂、勝利與失敗等。但由於「諸法空相」是說明世間的存在，與生滅、垢淨、增減的相對概念不同，於是便用「不生、不滅；不垢、不淨；不增、不減」的否定方式，來解釋超越相對概念的空性。

〈心理學版〉

在西方的古聖先哲中有三個關鍵性的人物，深刻的影響心理學的發展。

1. **亞里斯多德**（Aristotle）：希臘大哲學家和天文學家，主張以地球為中心的宇宙觀。曾就學於柏拉圖，後歸雅典聚徒講學，繼承蘇格拉底以來的希臘哲學，而自成一套完整的體系，是首位系統陳述三段論法原理的人，奠定邏輯思維的基礎。著書甚多，以《辯論術》與《詩學》二書對後世影響最大。在亞里斯多德的作品當中，已經討論到關於人類的本性、知識及感官等等問題。

2. **笛卡兒**（Rene Descartes）：法國哲學家、數學家。曾在荷蘭從軍，後專攻學術。首倡唯理主義，與培根同為近代哲學之父。學說特重理性及演繹法，主張二元論。發明解析幾何學，首創座標式。著有《方法導論》、《沉思錄》、《哲學原理》等。在其著作中提倡先天觀念之說，認為人類天生就擁有能夠讓自己的感官產生經驗的心理功能，因此心為身之主，身體的一切活動，都被具有理性的心所控制。

3. **康德**（Immanuel Kant）：德國大哲學家，綜合唯理論及經驗論，樹立所謂的批判哲學，在近代哲學中位居最重要的地位。其名著為三大批判，即《純粹理性批判》、《實踐理性批判》、以及《判斷力批判》。而康德集笛卡兒之大成，創造了哲學思想主流之一的理性主義；

由於理性主義的興起，引發了心身關係的爭論（mind-body problem）。

爭論的主要問題有兩個，問題一：心靈與身體兩者關係如何？問題二：精神與物質何者重要？在討論這兩個核心問題下，便產生了三種主張：

- 二元論（dualism）：以兩兩對立的概念詮釋宇宙現象的說明方法。如柏拉圖「實有與非有說」，亞里斯多德「形與質說」，皆屬二元論。此論主張心物二元並存。
- 一元論（monism）：哲學上指用唯一原理說明萬有現象之本質，稱為「一元論」。相對於多元論、二元論等而言，此論又主張唯心論（idealism），認為精神是宇宙形成的原動力，且先於物質而存在，並以為一切物象皆為精神作用所構成，又主張唯物論（materalism），認為物質為宇宙形成的基礎，只有物質才是真實的存在，認為精神現象亦為物質的作用所形成，否定靈魂不滅，亦主張無神論。
- 折衷論（compromism）：主張心物合一。現在的心理學，不再是那麼純粹的二元現象，曾有人是這麼比喻現代的科學心理學：哲學是父親、生理學是母親，他們兩個的媒人則是生物學，他們的小孩就是現在的心理學，而現代的心理學，是運用科學的方法來研究問題的，因此又稱科學心理學。

總而言之，世間的萬事萬物，可用體性的有無，性質的好壞，數量的多少來加以歸納。而《心經》就是以這「六不」，來說明諸法空相，更進一步闡釋「空」的真理。

靜心自得

在到達洋溢幸福的彼岸之前，我們仍有很多功課要做。

其中之一，就是「接受自己全然為人」。這句話看似簡單，但實則是一門學問。我們的矛盾衝突與掙扎之所以產生，最主要的原因之一，就在於無法全然的接受自己，這樣的念頭就像天空中的雲朵，常常飄來飄去。「失望、煩亂、悲傷是人性的一部分，接納這些，並把它們當成自然之事」，**就讓那些念頭，如浮雲一般隨風飄盪（觀照），如同自然一般，不隨之起舞（覺知），我們才能看見內心那片天空真正的原貌，甚至真實的自己。**

有人這麼說：「做人要真實！做一個不真實的人，其實是很廉價的，那就像用一張盔甲來武裝自己，但是這樣一來，我們將錯過那些一直在我們靈魂深處裡的真理。」錯過自己靈魂深處裡的真理，就錯過了發揮自身舍利子的精神。而**舍利子就像是培育開出幸福之花的種子，種子無法成長茁壯，自然無法看見並體驗真實的自己，也就無法到達幸福的彼岸。**

總而言之，幸福感是人生最終的目標——這種「幸福感」是普世且入世的標準，因為每個人都想平安吉祥，順遂圓滿，追求幸福是人類共同的願望。然而人生彷彿就是一座天平，各有兩個極端，如痛苦和快樂、愛和恨、積極與消極，**我們所要做的，就是在這兩個極端當中，用「幸福感」來保持平衡，如果沒有這兩個極端的話，那麼這個天平便無法成立**，因此我們不可能全要好的、快樂的，因為一旦沒有「不好」，那麼這個「好」便無法成立，甚至是沒有價值的。

「幸福感」是一種感受，除了幸福感之外，任何感受的特質皆是「空」，「幸福感」是由各自的因緣所創造出來的感受，並無實體的概念。而這種特質，不生不滅，不垢不淨，不增不減，全然且深入的埋在自身靈魂深處的那顆舍利子裡。那是潛藏已久的幸福源頭，**只有全然活出真實的自己，才能讓幸福感泉湧而出並源源不絕……**

不生不滅，不垢不淨，不增不減↑
是故空中無色↓無受想行識

開啟內在的煉金術

1. 在你生氣的時候，有沒有可能在生氣的同時，又能保持覺知？
2. 你認為能夠解除心理上一切痛苦的「藥方」是什麼？為什麼？

經典文句

〈佛家版〉

是故：所以、因此。為承上啟下之詞。從「不生不滅，不垢不淨，不增不減」，來承接下面的「空中無色」。

空中無色：這裡的「空」和「色」，和「色不異空，空不異色。色即是空；空即是色」的「空」和「色」字意義是相同的。

「空中無色」的「色」字，和「照見五蘊皆空」中的五蘊（色、受、想、行、識）的「色蘊」（指組成身體的物質）是一樣的意思。另「空中無色」的「空」字，和「照見五蘊皆空」中的「空」字，也具有相同的意涵。

在經文中，於「色即是空」後接的是「受想行識，亦復如是」，而「是故空中無色」之後，也接著「無受想行識」，藉此不斷反覆，再三強調「空」和「色」的關係。

經文中不斷強調「空」和「色」的關係就是在告訴我們，我們自身所擁有的舍利子如同水晶般的純粹澄澈，但並不代表祂就真如水晶一般，而純粹與澄澈也是一種表象，**要在乎的是——舍利子的核心價值，也就是我們靈魂深處的本質。**

那個本質具有「空」的特性，「空」象徵著無限的可能性。我們心裡的那片天空，就像變化多端的氣候一樣，並非總是晴空萬里，偶爾也會烏雲密布，甚至刮風下雨，隨著氣候變數而改變。而這樣充滿不可知的環境，正是孕育舍利子最營養的沃土。在我們自身成長時所需面臨的挑戰，**正是讓舍利子體驗巔峰的挑戰試煉，是為了讓自身這顆舍利子，綻放出生命之花、智慧之果的沃壤！**

我們無法預知世間會有什麼變化，當我們無法承受外界所發生的變故時，就走進自己的內在殿堂，只要隨時保持觀照，保持覺知，那我們內心的那顆舍利子就不致遭受外界的染色與影響。記住！你我**不斷累世修行的目的，就是要讓那顆舍利子，啟發我們靈魂深處的本質，使其越堅強茁壯，能經得起外界風雨的考驗。**

〈心理學版〉

「空中無色」，**代表我們「看清」世間的種種苦難，當我們看清時，就可以「超越」，甚至去「轉化」這些苦難，這正是一種「內在煉金術」。**這種「內在煉金術」可以將憤怒轉化為慈悲，失敗轉化為成功，在我們看清得與失、愛與恨、快樂與痛苦，都是短暫而無常的，最重要的是，在經歷各種矛盾掙扎、衝突痛苦之際，那顆舍利子也會更加茁壯。

除了用各種像噩夢般的境遇來催化舍利子，更重要的是如佛陀所講的：「以自為光」，如同植物生長需要太陽來行光合作用，想要催化我們的自性，展現自己的佛性，那麼要以自己為光；那個光，是由名為「觀照」的燈所打出來的，有了足夠的光，舍利子才能不斷的成長茁壯。

不管是噩夢還是美夢，都是一場夢，不管是什麼樣的夢，都會有結束的時候，我們可以選擇繼續待在夢裡，不管夢境外鬧鐘已響了多久、響了多少次；亦可以勇敢的從夢中醒來（覺悟），這樣就再也不用擔心遲到，再也不必摀住耳朵拒聽鬧鐘。

內在的煉金術

我在探索出版社出版的《內在的煉金術》中讀到以下一段文字。

佛陀說：「我是位外科大夫。」

有人問他：「你一再說你是外科大夫，但我從未看見你帶任何針藥，你給的是什麼藥呢？」

他說：「我的藥方只有一種：覺知。」

再厲害的心理醫生，再精湛的心理分析，都比不上「覺知」這一帖良藥。

俗話說，良藥苦口利於病，能治病的藥，多半味苦難嚥。大部分的人都知道「覺知」這帖藥有益於人，但按時服用的，卻少之又少。而這帖藥又不能在一般醫院或者藥店就能買得到，**「必須改變自己內在的化學特性，才能夠擁有它」**。而如何去改變，那就只有靠「內在的煉金術」。

透過「內在的煉金術」，我們才能看到、拿到這帖名為「覺知」的藥方。開始服用這帖藥方一陣子之後，我們會逐漸發現，愛和慈悲的能量將慢慢湧現出來。**而愛和慈悲又會和我們的覺知產生正面的循環，周而復始，循環不已。**

有句話說：「慈悲是來自歲月的愛，是愛的火花。首先必須得接受你自己，然後去愛你自己，如此你將看到愛開始流動，開始擴張，這麼一來，你會發現神住在你的內在。」

這個神，不是指民間信仰的神明，不是基督教的上帝，不是回教的阿拉，而是我們與生俱有的神性、佛性，那深深的埋在我們與生俱來的舍利子裡……

奧修說：「唯有慈悲是療癒性的，慈悲是最高形式的愛。有慈悲心的人是最富有的，他只是給予，帶著無比的愛來分享他的能量。給予總好過它被人搶走！」慈悲和愛不只讓我們成為最富有的人，它們同時也滋潤了我們的舍利子，讓我們的舍利子擁有足夠的能量去抵抗並轉化那些負面能量，並且散發永恆的馨香。

是故空中無色↑無受想行識↓無眼耳鼻舌身意，無色聲香味觸法

讓生命臻於卓越

1. 你覺得自己是較為樂觀積極或悲觀消極的人呢？別人又是怎麼看你的？
2. 你覺得自己還可以怎麼做，以使自己的生命更加卓越？

經典文句

〈佛家版〉

1. 無：

- 「沒有」之意。
- 有「突破」或「超越」的意思，也就是說有「不受其影響」、「不隨之改變」、「不受其限制」的意思。

2. 受想行識：

佛教稱構成人或其他眾生的五堆成分為「五蘊」。分別為色、受、想、行、識。其中除色蘊之外，其餘皆屬精神層面。「色」指組成身體的物質，「受」指感覺，「想」指意象、概念，「行」指意志，「識」指認識分別作用。由於每一種蘊，都是由許多分子積聚而成，故稱為「蘊」。

加上「是故空中無色」的「色」，即為「五蘊」，**它們就是形成生命體的五大要素**。因此，「是故空中無色，無受想行識」，簡單來說，就是「空中無五蘊」。

我們的生命，其實就是個「覺醒」的旅程。我們要用有限的生命，來進行這趟看似無窮無盡的覺醒之旅。這趟旅程，大部分時間都是苦樂參半、悲欣交集，甚至苦多於樂的，所以我們才會說：「人生不如意事，十之八九。」用什麼心態面對這趟漫長而艱辛的旅程，是很重要的。

有句話說：「我們不能左右天氣，但可以改變心態。」同樣的道理，**我們不能改變在這趟覺醒之旅中所遭逢的點點滴滴，但可以改變自己的心態**。「改變」的本身，就有一種「突破」或「超越」的意境。只有「突破」或「超越」身心的種種限制，才有機會使自己的身心靈「更上層樓」，我們的生命才能因此得到進化。

就「沒有」的觀點來看，心態是「消極」的；就「突破」或「超越」的觀點來看，心態是「積極」的。「消極」的心態，就算身心沒有殘缺，但卻給自己造成了「障礙」。「積極」的心態，就算身心有部分殘缺，卻不會成為自己或別人的障礙。**與其消極的面對自己有限的生命，倒不如積極的面對無窮的生命旅程**。如此即使「寄蜉游於天地，渺蒼海之一粟」，在面對無窮的時間與空間喟嘆，也能夠「天生我才必有用」，如此才能使生命「更上一層樓」。

〈心理學版〉

造成「消極」或「積極」的心態，最主要的差異之一就在於挫折容忍力（**frustration toleration**）。

統合相關文獻，對於挫折容忍力的定義如下：**個體在遭遇挫折或失敗時，能夠勇於面對挫折，承受環境打擊，免於行為失常，並擁有正向態度之思考能力，而不會影響到最後目標的達成。《挫折復原力》作者羅伯特・布魯克斯**（Robert Brooks, Ph.D.）**與薩姆・戈爾茲坦**（Sam Goldstein, Ph.D.），更進一步提出挫折容忍力還必須具備從挫折創傷中復原的能力。

更白化的話，挫折容忍力就是：當個人的動機受到阻礙時，能夠保持喜悅、穩定的情緒，承受精神打擊，並不至於導致行為失常或人格變態的情形。這表示個人能夠與挫折共處，接受因阻礙而必須「延遲得到滿足」的事實，代表能「忍受挫折」的程度。當個人能夠承受挫折情境的負面壓力及打擊，並維持良好的心理狀態時，就可以說是具備良好的挫折容忍力。這種能力包括但不限於自我反省、彈性思維、解決問題的能力，以及對於失敗的正確評估和面對挑戰的勇氣。挫折容忍力是一種重要的心理資源，對個人的成長、發展和成功具有關鍵性的影響。

以口足畫家楊恩典為例，縱然身體上有所殘缺，卻不會因此畫地自限，努力用畫筆揮灑自己的生命，用愛來擁抱別人，就像蠟燭一樣，將光和熱傳送給每個人。這種積極奮鬥樂觀進取的決心，值得大家做為借鏡。

竭盡全力，不完美也不會覺得遺憾

成功的路上充滿了坎坷與挑戰，這話對棒球界的一位傳奇人物——郭泓志來說，無疑是最貼切的寫照。

郭泓志的故事就像是一部傳奇，充滿了堅持與抗逆。在時光倒流到數年前，當他在美國大聯盟首度登板的那一刻，他以高達九十六英里的速球，擊敗了七名打者，為道奇隊帶來了耀眼的勝利。然而，這背後是長達八年的艱辛復健歷程，以及四次手術的痛苦挑戰所累積而來。在大多數人對他的手肘感到懷疑之際，他的勝利不僅是對棒球技藝的驕人展示，更是對不屈意志的生動演繹。

然而，就在人們以為他已經走出低谷的時候，命運的捉弄再次降臨。在二〇〇七年他二十六歲生日時，被迫接受第四次手術；這一次，他的手肘再次受傷，使得球季提前宣告報銷。儘管手術簡單，但對郭泓志而言，這意味著又一次的復健和挑戰。然而，面對這一切，他並沒有退縮，而是笑著說：「隔天，好像就覺得比較不會痛了，所以就繼續吧！」

對一個職業棒球選手來說，「身心的健康」對自己的職業生涯具有絕對關鍵性的影響。郭泓志的身體經歷過多次的折磨，卻始終以積極的心態來面對。

「積極的心態」就是就是一種「突破」，就是一種「超越」，甚至創造出「卓越」。讓郭泓志在大聯盟擁有優秀的表現，並且超出常人，就是因為他有「積極」的心態，引發他堅強的「鬥志」，才能夠不斷的抵抗身心上的折磨，以至於突破身心上的障礙，並超越一般人的侷限，創造出卓越的表現。

郭泓志成功的從「傷」痕累累中，再造卓越的佳績；這正正可說是「是故空中無色，無受想行識」的最佳例證。因為他突破了身體上的極限（是故空中無色），超越了精神上的意志（無受想行識），將人的潛力發揮得淋漓盡致，這是他的生命哲學，也是他活出生命的藝術。

《心經》最主要的目的，就是幫助我們能夠「度一切苦厄」。而我們的身與心，分別是體驗苦厄最主要的兩個管道與五個部分（五蘊），與其消極的度過身心上的折磨，倒不如積極突破瓶頸、超越困境，讓自己的生命進化，臻於卓越。

總而言之，**「是故空中無色，無受想行識」，並非消極的要大家拋棄自身的七情六慾，而是藉由透視自身所體驗的一切，更積極的去接納一切，**不管是好的還是壞的，藉此昇華自己的體驗，並進化自己的生命。

無受想行識↑無眼耳鼻舌身意，無色聲香味觸法↓無眼界，乃至無意識界

心帶我們跨越感官的藩籬

1. 你認為你的情緒傾向是向正面還是負面的方向？你的朋友、家人或同事認為你是一個樂觀的人還是一個悲觀的人？
2. 你對於自己的未來有什麼期待？你認為自己可以如何實現這些期待？

經典文句

〈佛家版〉

1. 無：

- 「沒有」之意。
- 有「突破」或「超越」的意思，也就是說「不受其影響」、「不隨之改變」、「不受其限制」的意思。

2. **眼耳鼻舌身意：**

即「六根」。能接觸外境與心境的六種感官功能（眼、耳、鼻、舌、身、意），就是所謂的「六根」。眼指眼睛，即視覺。耳指耳朵，即聽覺。鼻是鼻子，即嗅覺。舌是舌頭，即味覺。身是觸覺。意是指心，即知覺。

「無眼耳鼻舌身意」緊接在「是故空中無色，無受想行識」之後，**不只要突破精神及物質層面，更要超越感官的限制**。我們的「感官」就像個「感覺接收器」，可以讓我們很清楚的感受到自身及外在世界的變化。但這些變化，也是無常的，具有「空」的特質。如果一心追求感官上的享受，很可能讓我們生命的進化程度，只停留在感官層面。**因此，要突破超越，生命才**

能夠得到更高一層的進化。

3.色聲香味觸法：

即「六塵」，又稱「六處」。塵，指所接觸的對象。佛教將心和感官接觸的對象分成色、聲、香、味、觸、法（指心所對的境）。如果任由眼、耳、鼻、舌、身、意追逐六塵，心就會充滿著煩惱，

「無色聲香味觸法」緊接在「無眼耳鼻舌身意」之後，這兩句是有「對應」關係的。說明如下：「六根」與「六塵」的對應關係是：眼根↑↓色塵；耳根↑↓聲塵；鼻根↑↓香塵；舌根↑↓味塵；身根↑↓觸塵；意根↑↓法塵。

而「色聲香味觸法」中的「色」，和前面五蘊中的色（指組成身體的物質）是不一樣的。這裡的「色」是指眼睛所看到的「物體表面的色彩」、「物體的種類式樣」、「物體的品質成分」及「人的面容、神情」、「景象」等。

「無眼耳鼻舌身意」（六根）和「無色聲香味觸法」（六塵）這兩者除了有「對應」的關係之外，還有「連帶」的關係。「六根」的「根」是指「根源」所在，有了這個「六根」，才會產生這「六塵」。因此有句話說：「斬草不除根，春風吹又生。」想要擺脫這「六塵」所帶來的煩惱，得從根源上著手，也就是「六根」。那麼這「六根」的根源又在何處？就在我們自

身的「舍利子」上。

〈心理學版〉

從心理學的觀點來看，我們從接收刺激到反應出現，必須要經過生理和心理的兩種歷程。先從有生理功能的感官接收刺激，如眼睛所看到的，或耳朵所聽到的，接著便將這些具有物理性的刺激發揮其生理上的作用，再經由神經引導至大腦，變成心理性的訊息，因此使我們能感受到外界的刺激若有需要，我們則會顯現出接受這個刺激所選擇的反應。

以上過程包含了兩個層面的運作。第一種層面為「感覺」（sensation），是指簡單的將察覺到刺激的發生，並迅速直接依生理屬性反應。第二種層面為「知覺」（perception），此層面較為複雜的原因在於，必須從心理層面來賦予刺激的意義所在。

「感覺」和「知覺」彼此有密切關係，「知覺」是以「感覺」為基礎，「感覺」是以簡單的生理作用為基礎；而「知覺」則以複雜的心理作用為基礎。「感覺」是普遍皆有的現象（大部分的人都有這些感覺），但「知覺」則會因個人而異。

就「感覺」來說，在心理學上，最重視的是「**視覺**」和「**聽覺**」，再來則是「**嗅覺**」、「**味覺**」及「**膚覺**」，合起來稱之為「**五大感覺**」，也稱為「**五感**」（five senses）。除此之外，「膚覺」又可分為觸覺、冷覺及痛覺等，總之範圍包括各種我們人體所有感覺在內。

然而「知覺」則是根據「感覺」所接受到的訊息而做出心理上的反應。「知覺」又稱「知覺經驗」，它的特點是知覺經驗具有「相對性」的特質。舉例來說，同樣是黑色的車子，有的是達官顯貴在開的，有的是政商名流在開的，但是年輕人未必喜歡這樣的車子，他們喜歡顏色更鮮豔更亮麗，代表時尚與高尚的顏色，這樣的黑車就未必能獲得年輕人的青睞。

其實「知覺」和「感覺」雖然性質各異，但其實相輔相成，只重視「感覺」而忽略「知覺」，容易流於濫情而缺乏理性；只重視「知覺」而忽略「感覺」，則容易流於主觀而缺乏感性。善用「知覺」和「感覺」，才能使我們身體更加敏銳，意識更加清楚，生活也更加多元，生命也更加深刻！

因此，《心經》從「舍利子，是諸法空相，不生不滅，不垢不淨，不增不減，是故空中無色，無受想行識，無眼耳鼻舌身意，無色聲香味觸法……」不斷的強調，**我們所具有的「知覺」和「感覺」，根源都來自於我們自身的「舍利子」**，那是我們自身的本質，是我們自身的內在，是我們自身的心。「心」，我國古代認為心主管思維，故相沿以為腦的代稱。它掌管了思想、意念、感情及性情。因此要用「心」去修行！用心，就能帶我們突破，帶我們超越五蘊、六根、六塵的種種侷限，讓生命得以進化，**最後回到自己內在的家，也就是自己再度輪迴**

轉世、乘願再來的「初衷」。

如果心是空的，腦再聰明也沒用

二〇一七年推出了《征服情海（甜蜜20週年紀念版）》，原先的《征服情海》（Jerry Maguire）是一九九六年上映的美國浪漫喜劇電影，由卡麥隆・克羅（Cameron Crowe）執導，湯姆・克魯斯（Tom Cruise）、芮妮・齊薇格（Renee Zellweger）和小古巴・古汀（Cuba Gooding Jr.）等人主演。

本片的主角麥卓利（湯姆・克魯斯飾演）是一名成功的體育經紀人，他在職業生涯的高峰時期突然意識到自己對於人生和事業的價值觀存在著嚴重的迷失。這部電影不僅是一個關於體育行業背後黑暗面的揭露，更是一個關於個人成長和自我發現的故事。

影片透過麥卓利的內心獨白和行動，深刻地探討了商業世界中的道德問題以及人性的複雜性。他突然決定離開成功的事業，因為他意識到自己缺少了對於人性和關懷的真正理解。他的行動引發了對於商業與道德的深刻思考，並最終導致了他對於生活和事業的重新定位。

除了主角的內在轉變，影片還通過斐樂妃（芮妮・齊薇格飾演）這個角色展現了人性的溫暖和善良。她的決定和行動展示了對於人性和真實價值的尊重，同時也為麥卓利提供了重要的支持和理解。

這部電影不僅是一個關於體育經紀行業的故事，更是一個關於人性、道德和生活意義的深刻反思。它提供了觀眾一個機會，去思考自己在現代社會中所處的位置，以及如何在追求成功的同時保持自己的良知和價值觀。

《征服情海》透過其感人至深的故事情節和精湛的表演，為觀眾帶來了一場感性和啟發性的電影體驗。它不僅提醒我們要關注他人的需要和情感，同時也鼓勵我們在面對困難時堅持自己的信念和價值觀。

在《征服情海》這部片子中，還穿插了一位老人，就像視聽版的 memo 紙一樣，適時提供一些令人感到貼心的小提醒，來提醒大家「心」的重要。老人 Dicky Fox 是男主角麥卓利的導師，也是運動經紀業界的傳奇人物，該業界許多名人的導師。他在一九九三年赴芝加哥公牛隊落幕賽時，因心臟病發作，而死在球場 B GATE 入口。他寫過一本書叫《A Happy Life》，電影中的句子，多半引用自該書。

其中有句話說：「If this（points to heart）is empty，this（points to head）doesn't matter.」

這句話是說：「如果我們的『心』是空的，我們的腦子也就不重要了！」這句話，一針見血的指出「心」的重要！**不管我們的感覺再怎麼敏銳，不管我們的知覺再怎麼聰明，沒有心，一切都是空談，一切都是枉然。**

如何將「心」的作用發揮到極致，《征服情海》這部片子提供了一種具體可行的「概念」，那就是「寬」（QUAN）。在本片當中，那是麥卓利和洛狄威在互相激勵時，常時用的觀念，這個「寬」，想表達的是一種對生命的氣度，**一種怡然自得，一種在暴風雨的洗禮之後，可以活得抬頭挺胸的心量，經由實現「寬」的哲學，讓自己的心完全發揮得淋漓盡致！**

我們的心，也是我們內在的舍利子，只有完全發揮它的潛力，才能帶我們跨越「感覺」與「知覺」的藩籬，並且揉合這兩者，展現出生命的力量。

無眼耳鼻舌身意，無色聲香味觸法↑無眼界，乃至無意識界↓無無明，亦無無明盡

充分展現自己的潛力

1. 你覺得目前的自己有充分發揮自身的潛力嗎？
2. 如果潛力尚未完全發揮，你打算如何發揮自身的潛力？

經典文句

〈佛家版〉

1. 無：

- 「沒有」之意。
- 有「突破」或「超越」的意思，也就是說「不受其影響」、「不隨之改變」、「不受其限制」的意思。

2. 眼界：

「眼界」就是「十八界」中的第一個「眼根」。佛教把六根、六塵、六識合起來，叫做「十八界」。認識的對象有六類，即色、聲、香、味、觸、法，謂之「六塵」。相對於對象的認識官能有：眼根、耳根、鼻根、舌根、身根、意根，謂之「六根」。認識作用也有六種，即眼識、耳識、鼻識、舌識、身識、意識，謂之「六識」。

所謂的「眼界」是指目力所及的界限，也指所經歷事物的範圍。舉例來說，當我們看到一朵花，我們會先從「眼根」來接收到花的「表象」刺激，從感受到花的景象，接收到花表象的同時，還有可能藉由嗅覺（鼻根）來接收花的香味，以及觸覺（身根）來感受花的質感。

3.意識界：

「意識界」就是「十八界」中的「意根」；是指對一切現象能產生分別作用的心。舉例來說，當我們經由「眼根」感受到花的一切現象（感覺）之後，經由神經的引導，我們便會在心理中醞釀出花的意義（知覺）。即使同一種花，有的人覺得漂亮極了，有的人覺得普普通通，有的人覺得一點也不好看。可見經由知覺，每個人對花的感受及所產生的意義，往往因人而異。

〈心理學版〉

在人的所有感覺之中，「視覺」（visual sense）是最重要的。重要的原因在於，它和我們的日常生活有極為密切的關係，我們多用眼睛來看外在的世界。另外它的構造又比其他器官來得複雜，因此對它的研究也更多。

一、構造與功能

人眼的眼睛，因為形狀像圓珠一樣，所以稱之為眼球或眼珠。其主要的構造如下：

1.角膜（cornea）：眼球表面的薄膜。為眼球的外殼，由纖維組織構成，沒有血管分布，具有保護及使光線折射入眼球的功能。又稱為「眼角膜」。

2. **虹膜**（iris）：眼球內部含有色素的環狀薄膜。由環狀和輻射狀排列的平滑肌構成，可調節瞳孔大小。眼珠的顏色即由虹膜含色素量的多寡來決定，又稱為「虹彩」、「虹彩膜」、「眼簾」。

3. **瞳孔**（pupil）：眼珠前虹膜中心的圓孔。可隨虹膜的伸縮擴大或縮小，以調節適量的光線進入眼內。

4. **水晶體**（lens）：眼球中位於玻璃體與虹膜之間的雙凸透明體。前接瞳孔緣，後接玻璃體，受睫狀肌的調節而改變凸度，使物像恰好落在視網膜上。又稱為「晶體」、「晶狀體」。

5. **網膜**（retina）：眼球壁的最內一層。位於脈絡膜的內側，由一層色素細胞及多層神經細胞組成，可接受光線的刺激，為眼內感光成像的地方。

二、**視覺刺激**

引發視覺刺激的是光，而光是指能由視覺器官接收，使人察覺物體存在的電磁輻射。而形成視覺的光有兩種，一種是直接由發光體所發散出來的光，如電燈或太陽所散發出來的光；另一種則是由物體所反射出來的光，如月亮或鏡子等。

三、**視覺適應**

「視覺適應」是指眼睛自動調整焦距以適應物體的遠近移動；又可分為兩種，一種是「暗適應」（dark adaption），由亮處進入到暗處時所發生，如在晚上時，剛從光亮的電梯間，要回到烏漆抹黑的家裡。另一種是「亮適應」（dark adaption），由暗處進入到亮處時所發生。如看完電影時，剛從黑壓壓的電影院走出來到光亮的空間。

四、視覺的主要現象

1. **混色**（color mixture）：是指由幾種不同顏色的光波所混合而成的色覺。

2. **補色**（complementary color）：在光環譜上相對位置的顏色，即對比色。例如青色和橙色是互補色，紫色和黃綠色是互補色。

3. **後像**（afterimage）：視覺刺激消失而感覺暫留的現象。後像保留時間的長短和刺激強度呈正比，可分為正後像與負後像。「正後像」（positive afterimage）視覺刺激消失後，而感覺視覺暫留的現象，影像呈現與原刺激的明度或色彩相似。「負後像」（negative afterimage）指視覺刺激消失後，短暫時間內所餘留的視覺影像，其圖形顏色為原刺激色的補色，而所存留的時間較正後像長，並能在第一次消失後再度重現，但其明度與原刺激相反。

4. **顏色對比**（color contrast）：是指不同顏色放在一起或接連出現時，所感受到的色覺與單一顏色存在時不同。像黑白兩色並存時，黑色看起來就更黑，白色看起來更白；當黃藍並存時，黃色看起來更黃，藍看起來更藍。這就是對比的效果。

「無眼界，乃至無意識界」，是指從「眼界」到「意識界」的「十八界」，都是無常的，也就是具有「空」的特質。但這種「空」，並不是一無所有，而是具有無窮無盡的潛力，可以讓我們去突破超越！這是我們修行的積極目的。如果從無眼界一直到無意識界都全然一無所有的話，那麼我們身而為人的目的與價值也就跟著消失殆盡了。

「眼睛為靈魂之窗。」眼睛正是我們靈魂與外界連結最主要的媒介，也是我們能從他人眼睛認識對方靈魂的媒介。因此孟子才會說：「觀其眸子，人焉叟哉。」因為人的眼睛能顯現出個人的意識與思想情感，甚至用「眼神」來表達語言所不能表達的意境。因此，也成為心理學中感官上最常被拿來研究的項目。

眼睛的構造原理與照相機的構造原理十分相似。造物者又想從這樣的奧妙中傳達出什麼樣的道理呢？文學評論家蘇珊．桑塔講了一段很值得我們深思的話：

「現代人分不清照片與真實，許多旅客以為自己只要到遠方拍了張珍貴的相片，便擁有了當地的一切；他們未曾真正注視雕像，使它成為自己想像的一部分，使它融入自己的生命。瞬間按下『快門』，他們便能補捉住『場景』。攝影（shoot）與補捉（capture）這兩個字眼，原本屬於獵人或士兵的詞彙，當旅客將袖珍版的「珍寶」拍攝於能帶回家的照相機底片上，在這張照片被歸檔後，就只剩下便於抽出來給別人看的一個名字或號碼。」

是的！在現代社會中，我們有許多休閒娛樂都與視聽聲光有密切關係。在商業模式的操作下，商人要做出更炫更刺激的聲光效果，使消費者也被影響，被迫去追逐更炫更刺激的聲光享受；但在享受之餘，一切聲光效果結束之後，卻有一種說不出所以然的空虛與失落……

如果我們的眼睛只是去接收那華而不實的「表象」，而不是全然並深入的看進物體的本質——靈魂核心，那麼我們的眼睛，充其量也只能發揮感官上的功能，未能更進一步發揮「靈魂之窗」的精神，這樣就辜負了造物者的美意！

有句話說：「眼不見為淨！」現代人常有嚴重的失眠問題，其問題就出在「眼根」，我們的眼睛使用了一整天下來，沾染了很多灰塵，有些灰塵可以用市面上的「洗眼劑」來清洗一番，但是有些灰塵透過「眼界」穿進了「意識界」。所以到了晚上要入眠時，腦中還不斷的播放著「眼界」所收集到的畫面，有些刻骨銘心的畫面，彷彿就像本土劇或長壽劇一樣，不停的重複播放，不停的縈繞在腦海中，即使閉上雙眼，我們的意識仍然波濤洶湧……因此形成現在安眠藥濫用的現象。

其實，最好的安眠藥就是覺知。只有覺知可以讓我們「無眼界，乃至無意識界」，不管我們的眼睛看到什麼，或者我們的身體感受到什麼，都可以透過覺知來保持清淨，那麼我們的意識界就能像晴空萬里一般乾淨、澄澈、清明。

發展自己到最高峰

蔣勳在《身體美學》中寫道：「我一再強調，要做自己的第一名，如果這個身體還不是第一名，那是因為我們還沒有找到他的潛能去充分的開發出來。」你會想問自己的身體到底是第幾名嗎？

我們可能在其他方面都是第一名，例如加班第一名、賺錢第一名，或者人緣第一名等等，然而，對於自己的身體而言，又到底是第幾名呢？就算知道了第幾名，和之前的自己比較起來，目前是進步還是退步呢？是否仍原地踏步？其實論名次只是種簡單易懂的說法，作者想表達的是我們面對自己的心態，也是我們的生命態度，那就是——「將自己的潛能充分發揮出來」！

能否充分發揮潛能還有一個很重要的關鍵，那就是自身的「個性」。就佛家來講，那是我們的本質，自身的「舍利子」，我們靈魂深處的核心價值。我們輪迴再輪迴的目的，就是要將舍利子的精神發揮得淋漓盡致，這樣我們的生命，才達達到「真善美」的境界！

無眼界，乃至無意識界↑無無明，亦無無明盡↓乃至無老死，亦無老死盡

點燃光明照耀心房

1. 你覺得「盲人」和「盲目」有何不同？
2. 你認為當「盲人」比較可憐，還是「盲目」的人比較可憐呢？

經典文句

〈佛家版〉

1. 無：

• 「沒有」之意。

• 有「突破」或「超越」的意思，也就是說「不受其影響」、「不隨之改變」、「不受其限制」的意思。

2. 無明：

佛教用語。佛教謂不能了知現象真實性的原始愚痴。為十二因緣的第一支，是一切煩惱的根源。

「十二因緣」，是佛教基本理論之一，指構成一切痛苦輪迴的十二項要件。人在三世之間，基本上有十二種現象，稱為三世十二因緣，亦即「無明」、「行」、「識」、「名色」、「六入」、「觸」、「受」、「愛」、「取」、「有」、「生」及「老死」。

3. 盡：

• 完結、終止。如：「無窮無盡」、「冬盡春來」。

- 全部用出，竭力的完成。如：「竭盡所能」、「盡其所長」。
- 完備。如：「詳盡」。
- 全部、都。如：「應有盡有」、「盡在不言中」。
- 達到極限。如：「盡善盡美」。

綜合以上的意涵，「盡」可分成「消極」和「積極」兩種層面。就「消極」層面來看，就是沒有或消失的意思；而從「積極」層面來看，就是將自身潛力發揮到淋漓盡致。

「無明」是指對佛法的無知；「行」是指有意志的行為；「識」是指死後，由於過去的行為所導致投生的心識；「名色」是指處在母胎中的身、心（識除外）；「六入」是指眼、耳、鼻、舌、身、意六種身體感官和認識對象；「觸」是指感官對現象的接觸；「受」是指接觸後產生的感受；「愛」是指感官接觸後生起的欲望；「取」是指執著；「有」是指導致輪迴的行為。十二緣起之間的關係像環鏈相扣，「老死」和一切苦緣於「生」。

「生」緣於「有」；「有」緣於「取」；「取」緣於「愛」；「愛」緣於「受」；「受」緣於「觸」；「觸」緣於「六入」；「六入」緣於「名色」；「名色」緣於「識」；「識」緣於「行」；「行」緣於「無明」。後者決定前者的存在，因此去除「無明」就沒有「行」，沒有「行」就沒有「識」的投胎，以致「生」和「老死」的一切煩惱也滅除，也稱之為「十二緣起」。

所謂的「無無明」，整句話的意思是說，在「無明」的情境下，我們難以脫離生老病死永無止盡的循環，就像關在籠子裡的老鼠一樣，一直在籠子中的滾輪上走來來去，但再怎麼走，就是無法脫離這個輪子，更別說逃脫這個籠子的束縛。

想要脫離這種周而復始的循環、生老病死的輪迴，就得在修行中「超越」或「突破」這「無明」的框架與束縛。就像籠中的老鼠一樣，裡面的滾輪，分別是由「十二因緣」所組成，**十二因緣分別代表了輪子的輪軸，而這個輪軸就如同階梯一樣，彼此都有承先啟後的關係，每走到一個輪軸（階梯），都有一個課題必須去體驗與學習。**

因此，每一步都得踏得穩健踏實，別想三步當兩步用，即使順利跳過某個輪軸（階梯），到了下一輪（我們的下一世），仍然是冤家路窄，遲早得乖乖學習。當然在這樣的學習過程中，老天爺將根據我們自身的本質與因緣「因材施教」。不過「天助自助者」，上天只幫助肯努力上進、自立自強的人，想要脫離這永無止盡的痛苦循環，辦法就在《心經》這本學習輔導手冊中。**這本手冊免費贈閱、俯拾皆是，且字數不多，方便攜帶又容易閱讀，有時唸起來就像「繞口令」，「五蘊」、「六根」、「六塵」、「空」及「色」等，繞來繞去。**

因此，在「無無明，亦無無明盡」中，「無」有「突破」及「超越」的意思，在語法上屬「動詞」。**而這個「盡」在句子當中，相當於修飾動詞「無」的副詞。不單只是單純的、片刻的、短暫的「突破」及「超越」，還要有一種「至死方休」堅持的全然投入，唯有如此，我們才能停止盲目不斷的卡在這十二因緣的滾輪上，也才能完全脫離這個看似安全，實則虛幻的人生鐵籠。**

其實，本書已提供我們如何跳脫滾輪並打開籠子所需要的東西。其工具正是「觀照」。在《心經》中的第一句話，「觀自在菩薩」的「觀」就已開宗明義，接下來則是必須運用「靜心」（心思不亂動）的步驟，才能順利的取得佛陀給的藥方——「覺知」。然而有了「觀照」這個工具，究竟要從哪裡下手呢？俗話說：「萬事起頭難」，**而這個「開頭」，就是要「無無明」，「超越」並「突破」「無明」之後，彷彿在前不著村後不著路的內在旅途中看到了一線光明，這樣就能使生命柳暗花明又一村。**

〈心理學版〉

講到「無明」，在心理學中有個專業名詞「無意識」（unconscious）與「無明」有異曲同工之妙。在我們生活之中，有時也會產生無意識的狀況，例如因發生車禍昏迷，使人陷入了無意識狀態，這就是一種缺乏知覺時的精神狀態。另外在選舉抗議或示威活動中，遊行群眾受到煽惑產生從眾的無意識盲動，則是一種「非理性」的行為。

講到心理學中對無意識有深入研究的，就是心理學權威榮格，他對「無意識」的研究內容如下：

1.定義：

榮格認為無意識是一種無邊無際的精神領域，它是「一切潛能的發源地」。由於每個人的無意識是自身最深層的意識，且為一種與靈界連結的狀態。因此他對無意識下了這樣的定義：「無意識是……我所知道的，但此時未想到的一切事物；我曾經意識到、但現在已忘卻的一切事情；我感官所感受到，但未被我心靈意識所關注的一切事情；我感覺、思索、記憶、需要和所做非自願又未曾留意的一切事情……這些在我心中逐漸成形，終有一天將出現在意識中的東西。」

2.內涵：

榮格認為它是一種具有自我生命力的流動狀態，它的活動特質是自發且獨立的。「無意識的領悟和有意識的心靈一樣，具有意向、直觀、感覺和思想。」。而他相信「無意識的心靈有時可以被假設為充滿智慧和果敢，它要比實際的意識洞察力更為優越」。

3.源由：

榮格認為人的無意識可能來自於祖先們所遺留下來的生活體驗與行為模式。因為當人誕生之後，就有一種天賦的本能以適應自己所處的環境，而且這種本能或這種無意識，還會潛移默化的影響我們的行為、思考，甚至整個人生。

4.效用：

榮格認為無意識就是歡樂和解脫的根源，從事各式各樣靈性修行的人，目的都在追求人生種種痛苦的解脫，它也是大家所嚮往的一種極樂境界，類似所謂的「西方淨土」——佛教稱西方阿彌陀佛所處的世界。因為這個世界的環境都是由珍寶構成，不受任何汙染，住在這裡的眾生都具有無量功德，且沒有任何惡行，所以稱為「西方淨土」。這種最高的意識境界被稱為「徹悟」（澈底明白）。在無意識中，還包含著不同境界的意識，這些意識的根本，如同佛教的阿賴耶識[10]，它是一切意識的源頭，它醞釀了自盤古開天以來的各種原始形式和經驗，當它被頻率相同或相似的環境所喚醒時，所醞釀的內容就會出現在其他意識中。

10 阿賴耶識意指各種虛幻現象、幻覺及世間萬事萬物，都會在意識和感覺中呈現，它的性質如同蘊藏種種原型的集體無意識。簡單來說，就是最高層次的靈性存在，也就是人意識到十法界中的最高境界，也就是佛的存在。

你必須無知

「無知」是指沒有知識、不明事理，或沒有感覺、知覺。而「無明」是不能了知現象的真實性的原始愚痴。這兩者的相同之處，就在於我們不知道、不了解，甚至不想去接觸的一種現象。

這樣的情況，看似不盡理想，但是，絕大部分的我們都是這樣的。絕大部分的時間，我們自認讀了幾本書，修了幾個學位，就認為自己已經知道了很多，是個博學之士，世界在我們的掌握之中。但是環顧我們的四周，多少人還忙著追求財富、名聲及成就，然而我們的內心世界卻是如此的貧瘠，有的連種子（舍利子）都還找不到，更遑論萌芽開花結果。

釋迦牟尼佛、蘇格拉底、耶穌、老子及莊子等，他們的芬芳與馨香，穿越了時空的藩籬，至今依然持續的綻放著，他們之所以能夠不斷的散播芳香，原因在於「覺察到自己的潛力和未來」，所以不斷的追求成長、提高意識、進化生命品質，以達到真善美的境界。

努力的目的，不是在於成為那些古聖先哲，而在於讓自己享有更真更善更美的生活品質。即使沒有人逼我們一定得這麼做，但是，提供給我們生存的養分，是整個大自然，是整個存在，而我們回報的，竟是一個瀕臨崩解的地球！

有些人或宗教總預言著：「災難會越來越多」、「世界末日即將到來」，與其捨近求遠打造諾亞方舟用以逃難，何不從自身做起，創造更多靜心的能量、創造更多愛，讓它成為「集體意識」？那麼我們所處的地球就是天堂，就是西方極樂淨土！讓整個地球都能洋溢著人類所散發出來的馨香！

一心追求靈性成長的人，不管修行的方式為何，最終極的目標，都是超脫一切痛苦，達到一種永恆寧靜的喜悅。不論稱之「彼岸」也好，「西方淨土」也罷，那是一種大家都想到達的境界。

不過在這樣的「內在之旅」途中，難免有人迷了路、走錯了方向，有人搭錯了交通工具，甚至有人受不了這段旅程中的種種痛苦，提前打退堂鼓回家。其實我們不必捨近求遠，我們的「無意識」**就是歡樂和解脫的根源，而且這種無意識，源自於我們祖先所給我們的生命，那是我們的本質，我們的內在，我們靈魂深處的核心。**

只不過在人出生之後，我們受到外在環境的種種影響，意識變得更加混濁複雜，內心世界布滿了厚厚的灰塵，靈魂已經快要不認得自己是誰，甚至我們的生命黑暗得無以復加，就像個看不到光明的盲人（無明），到了這般田地，我們的內在之旅如何一帆風順呢？

只有「無無明」，才能在內心世界點燃光明，也才能使我們看到旅程的目的和方向，這樣我們才能走完這趟內在之旅，順利的上岸，到達西方淨土。

無無明，亦無無明盡↑乃至無老死，亦無老死盡↓無苦集滅道

超越出生與死亡的藩籬

1. 講到死亡，你對死亡的看法及感受如何？
2. 你是否曾經想過，當你面對死亡時，會有什麼樣的反應？

經典文句

〈佛家版〉

1. 乃至：甚至的意思。

2. 無：

- 「沒有」之意。
- 有「突破」或「超越」的意思，也就是說「不受其影響」、「不隨之改變」、「不受其限制」的意思。

3. **老死**：因年老而死亡。星雲大師的佛光教科書第二冊《佛教的真理》中寫道：「隨著生命的逝去，生理機能逐漸衰退，便是「老」；最後呼吸停止，諸蘊離散，身壞命終，則是「死」。不過，老死並非有情的全部滅亡，老死的是色身，生命仍不斷地流轉。」

4. **盡**：

- 完結、終止。如：「無窮無盡」、「冬盡春來」。
- 全部用出，竭力的完成。如：「竭盡所能」、「盡其所長」。
- 完備。如：「詳盡」。

- 全部、都。如：「應有盡有」、「盡在不言中」。
- 達到極限。如：「盡善盡美」。

綜合以上的意涵，「盡」可分成「消極」和「積極」兩個層面。就「消極」層面來看，就是沒有或消失的意思；而從「積極」層面來看，就是將自身潛力發揮到淋漓盡致。

「老死」是「十二因緣」的最後一項，而「乃至無老死」，則是表示從「無明」到「老死」的「十二因緣」是人生必經的輪迴之路。就像時鐘上的十二個數字一樣，無時無刻不停的輪迴著。

老天爺很公平，不分男女老幼、貧富貴賤，都給每個人每天二十四小時。從另一個角度來看，老天爺又不怎麼公平，未必給每個人同樣長度的生命旅程。**這樣設計的目的，就是希望每個人好好去修這「十二因緣」的生命課程，並告訴我們，旅行的時間（也就是生命的長度）都是有限制的，得把握時間好好去學習，**因為「逝者如斯夫」，時光如同流水一樣，一去不回。

「十二因緣」所形成的種種經歷，如夢似幻，聚散無常，因此都具有「空無」的特質，就如同在一天之中，早上六點或晚上六點時，我們自身所體驗到的「五蘊」、「六根」及「六塵」是不一樣的，並不存在永恆的狀態。所以《心經》才會說「『無無明』乃至『無老死』」。但是若從積極樂觀的角度去看，我們也可以選擇用「突破」及「超越」的心態來打破時間的藩籬。

既然能夠用「突破」及「超越」的心態來打破時間的藩籬，那麼對於每個人生命的起點（生）和終點（死），就不再單純只是生命的起點和終點。就如同我們說「再見」一樣，當我們說這句話時，不代表就真的再也見不到彼此了，而是期待「再」次「見」面。

同樣的道理，出生和死亡，若以積極的心態看待，出生，代表在此之前的身體已經死亡，因此要透過承租現在的身體來得到重生。死亡，則代表此生的身體已死，因此得要在下一世承租新的身體以得到重生。**出生和死亡就像是時鐘的時針和分針一樣，沒有片刻的死亡，就不會有當下的重生**。當我們享受活著的同時，死亡又如影隨形……總之，從更開闊且更深入的層面來看，**每個當下，都是由出生和死亡所交織而成，當我們全然的活在當下，不但欣然接受出生和死亡，而且更像是從一個制高點擺脫了出生和死亡的框架，全然的活出自己！**

當「十二因緣」皆「無」，便可說是「超越」了整個「輪迴」的歷程，不再墮入生生死死、死死生生的輪迴之中。但是在這裡，我們也未必非這麼解釋。我們可以說，超越「老死」就是不再害怕「老死」。也許，一個人只要不怕「老死」，說不定他就真能不再落入「生老病死」的輪迴裡面。

〈心理學版〉

古聖先哲對於死亡，大致都有相同的看法，那就是「喪失生命」。更深層的涵義，死亡代表著「靈魂」被帶離軀體。舉例來說希臘字 psyche 是指「離開的那一部分」。當我們意識到自己終究會失去最珍貴的寶物——精神（psyche）或靈魂（soul）的時候，就是死亡。

1. **定義：**

「死亡」是指肉體的消失，又可細分為四個層面：

- 肉體（生理）過程：血壓下降，尿量減少，呼吸暫停，意識喪失等。
- 心理（精神）過程：包括焦慮、憤念、沮喪、孤寂等情緒反應。
- 社會過程：失業或親友的生離死別等。
- 靈性過程：靈魂上所承受的痛苦，特別在癌末病人更容易出現這種情況。

2. **內容與意義：**

同樣是死亡，每個人所面對的心態是不一樣的，因此，死亡對每個人所產生的意義並不相同。有的學者認為：死亡的基本意義是失落（loss），因為每個人無法控制自己的生命，將失去原本的安全感，感覺自己的身體不如以往等，以至於產生負面的思考、情緒與行為等。

3.死亡的身心反應：

每個人都會面臨死亡，每個人對於死亡的反應，也因人而異。在面臨死亡時，除了生理上的痛苦之外，還有精神和靈性上的痛楚。因此若想解除死亡所產生的種種痛苦，首先要解除生理上的痛苦，再以同情心來理解瀕死者精神及靈魂上的需求，唯有如此，才能提供全方位（身、心、靈）的照顧。

美國最早研究臨終病人精神狀態的是伊莉莎白・庫柏勒羅絲醫師，她將研究結論分成五個進程，內容如下：

第一階段：強烈否認。如：「不！不可能是我，這不可能會是真的！」

第二階段：生氣、憤怒及憤慨的負面情緒。

第三階段：討價還價，想辦法延緩死亡即將到來，或者自行決定死亡的日期及方式等。

第四階段：沮喪：難以言喻的失落與悲傷。

第五階段：接受：終於接受死亡的到來，但此時的心境未必是快樂的。

庫柏勒羅絲所提出的心理調適理論，是期許醫界在面對臨終者時，給予人性化且有尊嚴的對待。但是如前面我所強調的重點，**每個人面對死亡的心態因人而異，因此千萬不要把這個心**

理調適理論視為生硬僵化的公式來使用，反而忽略了個人的身心需求。

靜心自得

在寫這一章節時，剛好適逢賈伯斯去世的同一天，得知他去世的消息，我內心感到驚訝又感嘆。驚訝的是，賈伯斯在人生最後十年，推出許多改變現代人生活方式的科技產品；感嘆的是，如果他還繼續活著的話，人類的文明或許會有更富創造性的改變。更讓我內心震撼不已的是，我剛好寫到《心經》中的「乃至無老死，亦無老死盡」的部分，心想賈伯斯傳奇的一生，不正好就是這句經文最貼切的例證？

「**把每一天都當成生命中的最後**一天，**你終會找到人生的方向**。」賈伯斯得知自己得了胰臟癌之後，對生命有了不同的觀感。「出生」和「死亡」就像是我們「人生旅程」的起點和終點。每個人都有起點和終點，只不過行進的道路不一樣；道路不同，每個人的人生風景也跟著不同，對生命的體悟也會跟著大異其趣。

「**為什麼不順心而為？**」面對人生的老死與無常，賈伯斯以個人的生命體驗提供了一個值得借鏡的答案，那就是「順心」——「有勇氣跟著自己的內心與直覺。」

「勇氣」如同《心經》中的「行深」，唯有勇氣才能讓我們在充滿坎坷的荊棘中堅持走下去；「內心」與「直覺」就如同我們所擁有的「舍利子」，用勇氣去催化自己內心的直覺，我們的生命將綻放出燦爛的火花。

「**死，更是生命最偉大的發明，是送舊迎新、傳承生命的媒介。**」就工業時代而言，愛迪生是發明大王；就數位時代來說，賈伯斯是發明大王；但對生命來說，「死亡」是世界最偉大的發明。因為若沒有死亡，出生就沒有價值。死亡，是生命中最強而有力的「催化劑」，任何負面的情緒與感受，能幫助我們「轉化」自己的思想與感情；任何的痛苦與折磨，能幫助我們「蛻變」我們對生命的感受與體悟，而唯有死亡，能幫助我們將生命予以新陳代謝，並進化自己的生命品質。

陳勝英醫師說：「生命不是從剛出生的時候開始，我們不曾真的死去，『死亡』不僅是生命的轉換，生命的延續，更是生命進化的階梯。」除了死亡之外，再加上我們的覺知與醒悟，才能讓生命得到全面且深刻的進化。**更重要的是，藉由覺知與醒悟，喚醒自己本身內在的佛性，以擺脫生死永無止盡的輪迴。**

乃至無老死，亦無老死盡→無苦集滅道→無智亦無得

有覺知的使用「因果卡」

1. 你目前感到痛苦嗎？
2. 那些令你感到痛苦的事情，你認為誰最該「負責」？

經典文句

〈佛家版〉

1. **無：**

- 「沒有」之意。
- 有「突破」或「超越」的意思，也就是說「不受其影響」、「不隨之改變」、「不受其限制」的意思。

2. **苦集滅道：即「四諦」（四聖諦）。**

苦、集、滅、道，是佛教的基本教義之一。釋迦牟尼整合所有生死涅槃的因果及應取應捨之道，提出「苦」、「集」、「滅」、「道」四諦的教法。而這四項教法是真實、無錯亂的，因此稱為「四諦」（「諦」指的是道理或義理）。

「苦諦」，指生死輪迴是痛苦、不圓滿的；「集諦」，則說明產生痛苦的原因；「滅諦」，指痛苦的熄滅；「道諦」則告訴我們熄滅痛苦的方法。因此我們可知，「苦諦」是結果，「集諦」是原因；「滅諦」是結果，「道諦」是原因。「苦」、「集」應捨棄，「滅」、「道」應取應行。整句話是說：「世間有痛苦，痛苦必有因；因果可解除，解除有方法。」

我們常聽到下列幾句話，如「苦海無涯，回頭是岸」、「苦樂參半」及「人生不如意事十之八九」等，發現人生是苦多於樂。同樣的道理，在佛家的觀念來說，人生是充滿痛苦的，因此佛法就是在幫助人們了解痛苦產生的原因，以及如何解決自身的痛苦。因此又分成兩個階段，「世間」和「出世間」。

「世間」是指「人世間、世界上」。聖嚴法師說：「時間加空間的不定性，便形成了沒有永恆不變的現象，這就叫做『世間』。」而「出世間」則相對於「世間」，即「超脫六道輪迴」的境界。聖嚴法師指「聖人已經離苦而得解脫，其內心世界不再有時間和空間所給予的拘束；雖然還在時間及空間之中，但已不受任何時空現象所動搖、所困擾。」

「四諦」、「世間」和「出世間」的關係如下，「苦諦」和「集諦」是屬於「世間」的，是芸芸眾生的生死輪迴[11]。「滅綁」和「道諦」則是屬於「出世間」的，是聖人脫離眾苦的涅槃境界[12]。

11 佛教謂眾生由於無明，致有種種行為，這些行為會遺留下業力（指會產生苦樂果報的行為力量），當這一期生命結束之後，業力會引發再生，投生為天、人、阿修羅、地獄、餓鬼、畜生中的其中一種，然後老、病、死及各種痛苦又再次伴隨而來。眾生只要尚未證悟真理、斷除煩惱，如此的生命現象就會一再的循環。

12 佛教修行者的終極理想。為梵語 nirvana 的音譯。意思則譯為滅、滅度、寂滅。指滅切貪、瞋、痴的境界。因為所有的煩惱都已經滅絕了，所以永不再輪迴生死。涅槃並非死時才能證得，肉身尚在者稱有「餘依涅槃」，肉身已死者稱「無餘依涅槃」。一般也用來尊稱出家人去世。又稱為「寂滅」、「圓寂」。

「世間」和「出世間」的觀念，就好比「天堂」和「地獄」。當我們還在承受痛苦所形成的原因和結果，彷彿置身在「地獄[13]」般苦不堪言時，若能經由觀照及覺知，了解痛苦產生的原因，以及如何解決自身的痛苦，那就彷彿置身在「天堂[14]」。由此可見，「天堂」和「地獄」就在我們的一念之間。

《妙法蓮華經》中說：「心能地獄，心能天堂。」因此，想擺脫世間所有的痛苦，未必要出家為僧或落髮為尼，也不必遁隱山林，最主要的關鍵，是我們的「心」，**「心」的方向就如同通往「天堂」和「地獄」的「路標」，「觀照」就像我們在黑暗中行走時，手中所握的「手電筒」，藉由手電筒的光，我們才能看清目前的路況、方向是否正確以及未來的方向。**

〈心理學版〉

痛苦指的是「肉體或精神上所感受的苦楚。」就生理層面來講，人的感官會感受「痛覺」，所謂的「痛覺」（pain），是指身體組織因受破壞或強烈刺激所引起的疼痛感覺。例如身體被

13 多數宗教所描述的死後極苦世界。就佛教來說，地獄屬於六（五）道之一，有八大地獄。它是造惡者投生的場所，投生此處的眾生，將受到種種痛苦不堪的折磨。而在基督教、猶太教、回教等宗教裡，都認為地獄是亡靈經過最後審判而受處罰的最終場所。在中國民間觀念將地獄分作十八層，每層地獄各有閻王，執行審判和處罰的責任。

14 宗教謂人死後所投生的快樂世界。

人撞到或者被刀割到時所產生的痛苦感覺。但是身與心往往是緊密相連的，生理上的痛覺，也與心理上的感受有關，如當時的情緒及心境等，也都會影響痛覺的感受程度。舉例來說，如果手不小心扭到的話，雖然會覺得疼痛，但比起因此無法做自己喜愛的事情、處理必要的事務，心理上的痛苦絕對遠比身體上的痛覺還來得更深刻。

就心理層面來說，有人認為「痛苦，是很個人化的經驗，難以具體表達，更難與別人分享。所以痛苦很可能會使自己更加孤立。」正所謂：「有苦口難言」，因此心理學面對痛苦時建議要「清楚且適切的表達自己所承受的痛苦」，藉此消除痛苦所帶給我們的孤立感。

精神分析論創始人佛洛伊德在他的《精神分析論》中提到「人格結構」、「本我」是潛意識型態下的思想，代表思緒的原始程序——人最為原始的、屬滿足本能衝動的欲望，本我的目的在於遵循享樂原則，追求個體的生物性需求，如食物的飽足與性慾的滿足，以及避免痛苦。

心理學大師津巴多（Philip G．Zimbardo）認為，害羞是隱密而極端的痛苦，害羞是一種心靈的藩籬，一個自我的囚籠，但也許也是一絲隱密的幸福。害羞是每個孩童年幼必經歷程，但是父母和學校未必能完全年幼克服。因此對於害羞，除了認識害羞，還要採取行動，如學會適切的表達，才能克服害羞。

「超個人心理學[15]」的產生原因，主要在於馬斯洛（A.H.Maslow）提出了人天生有靈性或超越性的最高需求，並且認為若缺乏這種最高需求，「我們會生病、會變得殘暴、空虛、或無望、或冷漠……。」、「會醞釀成靈魂之病」，甚至說「**我們這一個世代的痛苦大部分都源自於靈性的空虛。**」有鑑於過去一九四〇年代人本主義「自我實現[16]」的自我心理學，導致了過度強調自我的偏差，因此變相成為自私自利、不健康的個人主義。為此他曾說：「缺乏值得超越及超個人的層面，我們會生病、會變得殘暴、空虛、或無望，或冷漠。我們需要『比我們更大的』東西來激發敬畏之情……」。他所謂的「比我們更大的」東西，指的就是「靈性」。在他去世的前一年（一九六九年），發表了著名的《Theory z》，在這篇文章當中，提出了「靈性」或「超越性」為最高需求。

他說：「**靈性生活是人類存在本質的一部分**，也是人性的界定特質，人性缺少了它便不再是完整的人性，它是真我、自我認同、內在核心、特殊品類及圓滿人生的一部分。」又說：「**靈性（超越）的層次屬於基本人性，是人類共具的普遍經驗，人們可透過宗教詮釋這一層次的現象**，許多偉大的傳統宗教即是如此。」「人類歷史上近乎普遍存在的宗教現象正顯示出

15 一九六〇年代在美國心理學界興起的第四勢力——門探索人類精神層面經驗的心理科學。
16 個人主動追求自身潛能的充分發展，以達到個體的巔峰狀態。為個體發展的最終目標。

——幾乎全人類都肯定人性內在的靈性層次。」

從心理學關於「痛苦」的種種論述我們可以很清楚的知道，**要解決「痛苦」，必須要從「身」、「心」、「靈」這三方面來著手，不能用「腳痛醫腳，手痛醫手」這種一個蘿蔔一個坑的方式來消除痛苦**。而《心經》中的「無苦急滅道」，就是從靈性層面來下手，世間有痛苦，痛苦必有因；因果可解除，解除有方法——已經開宗明義的告訴我們，痛苦是可以解決的，而且要用觀照的方式，去察覺那個「因」，去覺知那個「果」。

舉例來說，我在寫此篇文章時，家母正在鬧腳痛，行走變得十分不便，一開始媽媽想說買個撒隆巴斯貼一下應該就會好了。沒想到，貼完了一包還是沒效。接著改用熱敷的方式，敷了兩、三天還是不行；最後還是直接看醫生來得比較有效。在這個「腳痛」的過程中，病情時好時壞，有時痛不欲生，有時又覺得還好。

但這種反反覆覆的痛苦，也會造成精神上的折磨。除了當事人身心的折磨外，還有身旁親人心理上的折磨，這種折磨是旁人無法分擔的痛苦，沒有辦法跟「腳痛」說：「來吧！不要再折磨老人家，來找我吧！」這種隨著親友病情好壞而心情跟著起伏，也是一種痛苦。

這雖然是一種生理上的「痛覺」，但是卻會造成自己和別人在心理及靈性上的痛苦。我雖然心裡掛念著媽媽的腳痛，但是更深一層，我知道那個平常健步如飛的媽媽，隨著年老而身體退化，已經越來越不能承受身體上的痛苦，媽媽總有一天會隨著生命的腳步病死或老死，這對我來講，是生命不可承受之重。

媽媽的痛苦，原因在於骨質疏鬆症所引發的腳痛，隨著腳痛次數的增多，媽媽也知道自己的身體越來越無法承受痛苦，離死亡越來越近。而我的痛苦，雖不是身體上的痛苦，卻是心靈上由害怕失去媽媽而產生的痛苦。唯有透過從身、心、靈這三方面來觀照自身的痛苦，才能察覺彼此的因果關係，並運用覺知來解決痛苦。

當我覺知這樣的痛苦時，我意識到媽媽不是金剛不壞之身，而她的生命也是有限的，所以我只能盡力去滿足媽媽的需要，例如幫她買熱敷袋和撒隆巴斯，或者陪她去看醫生。即使這麼做無法替媽媽分擔她的腳痛，也無法阻擋她身體迅速老化的事實，更無法避免總有一天，母子情緣結束的一天；然而只有運用這樣的覺知，我才能冷靜且以智慧的方式處理痛苦。

這是佛陀給予我們的方式（了解因果）、工具（觀照）及藥方（覺知）。而《心經》這本書，則是我們在茫茫苦海中，唯一的「燈塔」，照映出靠岸的明路及方向。

沒有智慧，債就無所不在

作家吳九箴認為：「人們種下的「因」，不一定馬上結「果」，**但只要刷了卡，就有數字和記錄，那「果」就一定存在那裡，只是果報不一定那麼快到來。**」這樣的假設主題，非常有趣。

現代人身上有很多種卡，最能象徵個人身分與地位的，就是信用卡。有些在乎執著的人，常會比較哪一家銀行所發行的信用卡優惠最多、利息最低。有的信用卡還得要有一定的身分及財力才能申請得到。而從吳九箴的假設概念來看，佛陀也發卡，祂的卡人人皆有知，無條件也不需申請，永久使用一卡到底。

這張卡，就是「因果卡」，不分貧富貴賤一律皆可擁有它，**但它的利息計算方式比循環利息還要可怕——人的果報！**沒人能逃得了，躲也躲不掉。一般信用卡還會提醒我們何時該繳利息，但這張因果卡，不只不會告知，連該繳多少利息都不知道。這就是「因果卡」最特別的地方。

一般信用卡還有一定的信用額度，但這張「因果卡」，沒有額度限制，隨我們所用，愛怎麼刷就怎麼刷，但是，也就是因為沒有額度限制，**我們刷卡時更得注意警醒、覺知，因為一刷**

下去就無法消除記錄。更可怕的是，它沒有點數抵扣等優惠措施，基本上「好壞皆有報，相助不相抵」，種下好的「因」，便會得到好的「果」；種下壞的「因」，便會得到壞的「果」。壞的「果」並不會因為好的「果」相互抵消，凡「刷」過必留下痕跡！

由這張「因果卡」的種種特點來看，我們的因果，操之在己！既然操之在己，所有我們目前所承受的，不管是好的還是壞的，通通都是自己所選擇而來，怨不了別人，也別埋怨自己。**欣然接受自己的選擇，並勇於承擔負責，才能得到心靈上的自由！也唯有如此，才能值得當起這張「因果卡」的主人！**

無苦集滅道↑無智亦無得↓以無所
得故

超越自己的「頭腦」

1. 當你無所事事的時候，你可曾發現，其實自己的頭腦裡面還有很多念頭？
2. 你都怎麼看待或處理這些腦中的「想法」和「念頭」？

經典文句

〈佛家版〉

1. 無：

- 「沒有」之意。
- 有「突破」或「超越」的意思，也就是說「不受其影響」、「不隨之改變」、「不受其限制」的意思。

2. 智：

即「聰明才智」。梵文作 **jnanam**，意思是聰明、識略、資質及才能。「無智亦無得」的「智」與能照見五蘊皆空的般若[17]不太相同。「般若」是指能證悟空理的智慧，可簡稱為「慧」。而「智」是指本身所擁有的聰明才智；也有人認為「智」是般若正智，正是六度波羅蜜中最根本的「般若波羅蜜」，《心經》中以此代表六度[18]。

17 音ㄅㄛ ㄖㄜˇ，能證悟空理的智慧。梵語 Prajñā 的音譯。

18 即「六波羅蜜」。波羅蜜，譯自胡語，義為度或到彼岸，指到沒有煩惱、不再輪迴的彼岸。六波羅蜜即布施、持戒、忍辱、精進、禪定、智慧六種修行德目。修行者經由此六種修行德目，可至解脫的境界。

3. 得：

即「獲取」。梵文作 praptih ，意思是成就利得。「無智亦無得」的「得」是指般若妙智所觀所證的理體，也就是證得無上正等正覺的果位——「阿耨多羅三藐三菩提」。

「無智亦無得」，用消極的角度來看，**不要執著於我們所學習到的知識技能，我們所獲得的一切**都是表象；太過執著於表象，會使我們離自己的本質（舍利子）越來越遠。用積極的角度來看，**要超越知識技能以及自身所擁有的成就之框架，才有可能接觸或了解生命的真實面貌。**

「生命並非只是我們所想像的那樣，它還有很多面向，想知道生命真實的樣貌，必須將我們的臉轉向自己。」「無智亦無得」就是要我們轉向內在，專注於我們內在的本質，我們靈魂深處的核心價值，那是我們本身就已經擁有的珍寶，跟外在的功名利祿比起來，何其珍貴！

但當我們跟外界有所接觸後，我們漸漸開始迷失……失去了那個原本對自己再度來世，有信心讓「真我」表現得更加真善美的信念，因此需要靠學歷、靠汽車、靠豪宅、靠存款來維持自己的自信；然而這些外在的事物是表象的，是虛無的，是無常的，隨時都可能會幻滅，就像漂流在大海中抱緊浮木，也只能任由外在世界載沉載浮。

向內探索追尋，開啟內在之旅，那麼你將重新認識原來的自己——那個珍貴的舍利子，那

種平安寧靜並且超脫世俗得失的境界。

〈心理學版〉

「自我」一詞，有下列意思。第一種是指個人自己。如：「自我檢討」、「自我約束」。第二種是以自己為中心的觀念。如：「他這個人很自我，做任何事都想到他自己，不會想到別人。」第三種則是哲學上指永遠不變的精神之我。佛洛伊德人格理論認為：人格係由「本我」、「自我」、「超我」所構成，「自我」介於中間，調節「本我」與現實世界的衝突，使人格得以健全發展。

從二十世紀以來，「自我」便是社會心理學中不斷研究的主題。在有關「自我」的論述中，**「自我概念」是非常核心的概念**。其中詹姆士（William James）為現代心理學的創始人之一，他描述自我為一種認識和思考的過程，包含主體我（I，主動的自我），客體我（me，個體所覺知的自我）。根據詹姆士的說法，客體我又可分為三個方面：⑴物質我（material me），包括自己的身體和自己所擁有的東西等。⑵社會我（social me），包括親友們的關心與在乎，以了解別人如何看待自己。⑶精神我（spiritual me），包括個人思想、行為等的意識。

一、定義

1.國立台灣師範大學名譽教授郭為藩認為：「『自我概念』是一種形象（image），指的是個人對自我的看法、態度與情感，是個體所知覺、所經驗的，也就是個人所認定的我，是主觀的實體。個人自我概念的好壞，會影響人們的日常生活。」

2.張春興在《張氏心理學辭典》中也指出：「『自我概念』是指個人對自己多方面知覺的總合，其中包括個人對自己性格、能力、興趣、慾望的了解，個人與別人和環境的關係，個人對於處理事物的經驗，以及對生活目標的認識與評價等。」

總括來說，「自我概念」是個人依據自己所體驗到的經驗所察覺到的對自己的觀點，個人對自己的觀點是「主觀」的，可能與「客觀」的事實有所出入。

二、來源

1.**自尊**：簡單來說，「自尊」是指個體對自己的「自我概念」，能夠使自己滿意自己、喜歡自己，並且能相信自己的程度。正向的自尊，就是一種對自己充滿信心的感覺，並且能表現出自我的接納、尊重及價值。

2.**社會評估**：

- 反射性評估（reflected appraisal）：是指將別人對我們的看法或意見做為自己對自己的

看法，形成「自我概念」。就如同使別人對自己的看法反射到自己身上。舉例來說，有些人覺得自己的身材有點胖，因此覺得自己的身材可能不夠標準，事實上，每個人的體重標準因人而異，身高很高的人，即使看起來有點胖，但是我們會覺得那叫做「高壯」；身高較矮的人，即使看起來有點胖，但可能會覺得又矮又肥又短。

- 直接回饋（direct feedback）：是指對於自己特別有影響力的人，如至親的親人或是知心好友，他們直接表達出對我們的評價，我們常會「直接」的接受，並且訴諸於行動。舉例來說，父母常會對孩子們說下列類似話語：「你不乖的話，我就不跟你好」或「書沒念好的話，我就不疼你了」之類的話，這樣將使孩子被迫發展出討好師長喜愛的性格或行為，變得扭曲，甚至失去了真實的自己。

在佛教的概念中，有一個觀念和心理學中的「自我」非常類似，那就是「我執」。「我執」，指的是**眾生執著於一個真實存在的自我之心態**。這樣的心態，就是給自己一個沉重且難以卸除的框架。舉例來說，非名牌的東西不用，非美女不娶，非帥哥不嫁等等。這些外在的東西，一層又一層的，遮蓋了我們自身的舍利子，使我們看不見它的光，甚至，忘記它的存在。《心經》中想藉由「無智亦無得」的概念告訴我們，外在世界事物的種種「生不帶來，死不帶去」，不只錢財，凡是身外之物的種種非與生俱來的，死後也無法帶走，因此不要過於執著這些身外之物。因為這些東西就算我們占有得再久，最終仍會失去！

就自身的舍利子來看，那隱藏在我們靈魂深處自身的核心價值，從未減少也未曾失去，只不過我們一直往外看，往外求，我們想藉由很多外在的東西來鞏固自我，讓它越來越堅固，讓它禁得起外界的風吹草動、風吹雨打，為了讓它更堅硬，我們又得向外去獲取，甚至去剝奪更多的身外之物……

蚌殼之所以需要有那麼堅硬的外殼，是因為牠的內部是很脆弱的。戰士之所以要穿著厚重的盔甲，那是因為裡面的人是很脆弱的。我們越往外去求身外之物，其實代表了我們自身的脆弱與恐懼，害怕失去這些外在事物之後我們根本連自己是誰都不知道。

我們本身已擁有了至真至善至美的本質，因此，我們不必去在乎得到了多少，或可以再得到什麼。「無智亦無得」活著的目的，就是**把原本最真善美的自己活出來罷了！**

做自己的領路人

二十世紀最受矚目的靈性智慧大師奧修說：「你需要一個沒有念頭的頭腦。換句話說，你需要沒有頭腦，就只有一片寂靜，這樣你才能正視事情。有了清明以後，選擇自然就會出現，你沒有做選擇，只是像佛一樣的行動。你的行動具有美、真理並有神聖的馨香。」「你需要沒有頭腦」，就如同「無智亦無得」的「無智」，也就是超越頭腦。頭腦被超越了之後，滿腦子的知識框架被破除，才能恢復它原本寧靜清明的面貌，也只有在這樣的境界中，我們本身已有的佛性才會湧現。

我常在一大早運動時，一邊呼吸一邊冥想，卻猛然發現，才一大早，我的腦袋已經塞滿了各式各樣的念頭，例如「昨天為什麼那麼生氣？」、「昨晚作的夢是什麼意思呢？」或「今天打算寫到哪個章節就休息呢？」我們的腦袋是二十四小時不打烊的便利商店，我們幾乎無時無刻活在自己的頭腦中，甚至讓腦占據了我們的生活。

有時我們得放下頭腦，甚至拋棄腦中那些紛至沓來的念頭，往內在去尋找。因為這是一條最清楚的路徑，透過內在之旅，讓我們的人生有明確的方向依循；這樣我們才是內在之旅的「領路人」，也才是生命的主人。否則，我們就會像一團亂了線的毛線球，雜亂無章找不出線頭。

當我們的腦海中萬里無雲、佛性湧現時，只要佛光普照，我們哪還會去在乎失去什麼？又怎會還想得到什麼呢？我們自身就是存在所創造出，最獨一無二的自己，當我們經由內在之旅登上彼岸並找到自己時，就是回到存在為我們所搭建的家，我們將會是最幸福的人！

無智亦無得↑以無所得故↓菩提薩埵

超越得失的「境界」

1. 你「過去」最想得到的東西是什麼？你「目前」最想得到的東西是什麼？你「未來」最想得到的東西又是什麼？
2. 在這樣追求的過程中，你「得到」什麼？又「失去」什麼？
3. 在「得到」和「失去」的矛盾和掙扎中，你體悟到什麼道理與智慧？

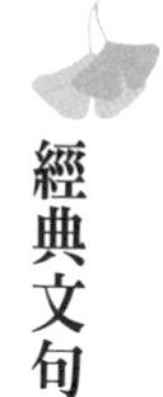

經典文句

〈佛家版〉

1.以：因為。

2.無：

- 「沒有」之意。
- 有「突破」或「超越」的意思，也就是說「不受其影響」、「不隨之改變」、「不受其限制」的意思。

3.所得：所得到的。

4.故：原因、根由。

「以無所得故」，這句經文具有承上啟下的效果。上承「無智亦無得」，下接「菩提薩埵」。其實不只這句經文，《心經》中的每句話之間，彼此都有承先啟後的關係。

「無所得」的「無」，就「沒有」的意思來看，人生在世，「生不帶來，死不帶去」，錢財乃身外之物，既非與生俱來，死後也無法帶走。因此在世不要太汲營於追求利益。舉例來說，蘋果創辦人賈伯斯（Steve Jobs）死後，有網友改編周杰倫的《青花瓷》，其中有一段內容說：「別等到人在天堂，錢在銀行裡，你後悔莫及。」再怎麼有錢的人，死後一毛也帶不走。其實每個人都很清楚，但仍有人心想，既然帶不走，仍有要躺好的棺材、仍有地。秦始皇還不是做了千百個兵馬俑，打造他的地下王國。就算做得再盡善盡美，我們能保證自己死後還能享用這一切嗎？

就「超越」或「突破」的意思來看，就是要超越「得失之心」，超越那個判斷是非成敗的念頭。一般人想接觸宗教，多半是想認識生命的真實面貌與真實意義，並且得到靈性上的啟發。然而就算我們密集的參加法會或上教堂，勤勞的抄經念經禱告、捐錢建廟蓋教堂，像個宗教模範生，最終老天爺就會因此讓我們上天堂或許諾更好來世的保證書嗎？如果答案是不確定，那麼追求靈性成長的目的又是什麼呢？

佛陀給我們的答案是「無所得」，也就是「什麼也得不到」。我心想，當讀者讀到這裡，或許有人暗罵：「X！那我看這本書看個老半天，不就白搭了嗎？」其實佛陀想藉由「以無所得故」這句話告訴我們：任何靈性上的修行，甚至做任何事都不要帶有「目的」，一但腦中存在目的後，無形中就會形成**框架，甚至是一種障礙**，因此在「以無所得故」之前，就告訴我們「無智亦無得」，為什麼「無智亦無得」？那是因為「以無所得故」。

〈心理學版〉

「得」就是「得到」的意思。在世俗世界裡，我們總把「得到」視為一種「成就」，得錢得名得利，得到一切就是成功，反之則為失敗。這種對「成功」的刻板印象深深印刻在我們的腦海裡，左右我們的價值觀。

「得到」是一種「名詞」，也是一種「動詞」。求學、求知、求財、求名及求利等，這些行為背後有著極為複雜的「動機」。所謂的成就動機（achievement motive），就是指個人追求成就的內在動力，它有三種意涵：⑴指個人追求進步以期達成希望目標的內在動力。⑵指從事某項工作時，個人自我投入精益求精的心理傾向。⑶指個人在不順利的情境中，衝破障礙、克服困難、奮力達成目標的心理傾向。

在追求成功的過程之中，難免會有「既期待又怕受傷害」的忐忑不安心情。期待成功又害怕失敗，在心理學裡曾有說明。一是希望成功（hope for success），我們以「得」來代表它；另一個相對的觀念是恐懼失敗（fear of failure），我們以「失」來代表它。這兩種動機互相拉扯所形成的成就動機正貼切說明了「既期待又怕受傷害」。因此想獲得成功的人，則必須不斷的提高希望成功的動機，才能抵銷掉恐懼失敗所產生的負面拉扯效果。

但「得到」也未必全然是一件好事。俗話說：「水能載舟，亦能覆舟。」水既然能承載船隻，也能使船隻翻覆。即使是雄偉的鐵達尼號，在狂風暴浪來襲時，也會被淹沒在茫茫大海當中。因此在七十年代的動機理論裡，出現了一種「成功恐懼」（fear of success），是指個體對其行為活動獲得成功結果一種帶有恐懼的消極心態。舉例來說，現在素人當道，未必是帥哥美女般的明星才能一炮而紅。例如各種選秀節目捧紅了像蘇珊大嬸等貌似平凡卻擁有一身歌藝的素人歌手。還有犀利哥[19]或 hold 住姊[20]等這些特色人士。其中蘇珊大嬸曾經因為迅速爆紅而無法調適心理壓力，在公共場所中產生脫序行為的負面新聞；又或者如犀利哥，迅速爆紅成為大家人肉搜索的對象，但後因過度驚慌又迅速逃回家鄉與家人團聚。這些人的事蹟，也多多少少反映出對成功的恐懼。

從以上這些心理學的論述，我們可以知道，「得」與「失」兩者往往如影隨形，在追求成功的過程中一路糾纏到底。想要擺脫「得」與「失」的矛盾掙扎，必須站在一個更高的制高點，來看待得失。

---

19 犀利哥，原名程國榮，江西鄱陽人，二〇一〇年初在中國浙江寧波流浪行乞。二月時，蜂鳥攝影社區一位用戶，在試相機時拍攝的一組照片，隨後以《秒殺宇內究極華麗第一極品路人帥哥！帥到刺瞎你的狗眼！》為題轉載於天涯論壇。相片中的乞丐看起來造型獨特，衣着另類，表情冷峻，眼神犀利，因此獲得「犀利哥」的名號，受到網友們的注意與討論，快速成為網絡超夯人物。（以上資料參考維基百科）

20 因為在節目上表演，教大家「What is fashion」，例如坐捷運要蹲馬步 hold 住，將女性內衣帶在頭上變裝澄清朝格格等，她也不斷說「整個場面我 hold 住」，因而爆紅。

《心經》中的「無智亦無得，以無所得故」，提供了一個無形且具智慧的制高點，做為想以超然心態擺脫得失困局的人借鏡，擺脫想「得到」的欲望就不會有「失去」的痛苦；沒有（超越）「失去」的痛苦，那麼「得到」時也不至無所適從。《心經》好比幫助我們保持心態平衡的「支點」，太過渴望「得到」時，它能提醒我們要放慢腳步、放開心胸；太過害怕「失去」時，它能提醒我們其實根本未曾失去過什麼。

「無智亦無得，以無所得故」的意思簡言之：我們要超越腦中「得」與「失」的念頭，放棄這些無常的妄想、不切實際的表象，超越這些紛至沓來的念頭之後，我們才能看見自身的寶藏——那澄澈成長茁壯中的舍利子。

達摩與武帝——一席高深莫測的對話

《景德傳燈錄》卷三載：菩提達摩[21]於在南北朝劉宋年間來到中國，剛開始到廣州，後被梁武帝遣使者迎入金陵（即今南京市及江寧縣地），兩人對話原文如下：

21 即「菩提達摩」。中國禪宗初祖。南印度婆羅門人，出家後傾心於大乘佛法。梁武帝普通年到達廣州，後至北魏，所到之處，以禪法教人。遊嵩山少林寺，在那兒獨自修習禪定，當時人稱他為「壁觀婆羅門」。達摩的事蹟，隨著禪宗的發展，漸趨神異，並成為中國畫家所愛的畫題。在通俗俠義小說中，菩提達摩也成了少林武功的創始者。

武帝問曰：「朕即位已來，造寺寫經不可勝記，有何功德？」

達摩回曰：「並無功德。」

武帝：「何以無功德？」

達摩：「此但人天小果，有漏之因，如影隨形，雖有非實。」

武帝問：「如何是真功德？」

達摩答：「淨智妙圓，體自空寂，如是功德，不以世求。」

武帝問：「如何是聖諦第一義？」

達摩：「廓[22]然無聖。」

武帝：「對帝者誰？」

達摩：「不識。」

原文翻譯如下：

武帝問達摩說：「我自從當了皇帝以來，到處建蓋寺廟、印經典，在我的鼓吹之下，出家

22 音ㄎㄨㄛˋ、廣闊、寬大、空虛之意。

為僧落髮為尼的人多不可勝數，您認為我有多大功德呢？」

達摩回答他說：「沒有功德。（什麼也沒得到）」

武帝很不解的問他說：「為什麼我做那麼多事情，卻沒有功德呢（得）？」

達摩說：「您那虔誠的善行，都是徒具形式的善行，但卻在乎是否有回報，表面看起來功德無量（得），但實際上一點也沒有（失），因此您只能得到小小的果報。」

武帝問：「既然我做的這些功德都是『假』的話，究竟如何才能算是『真』的功德呢？」

達摩說：「當您放棄我執，不用世俗間的手段或刻意的想達到某種目的，並去除您自身本有舍利子上的種種灰塵之後，那麼如同水晶般澄澈的智慧就會湧現出來，那才是真正的『功德』。」

武帝又問達摩說：「什麼是宇宙間至高無上的真理？」

達摩則回答：「當您到達了廣闊，澄澈，寧靜的彼岸時，連真理都不存在了！」

武帝問達摩說：「坐在我對面，和我論道的人是哪一位？」

達摩：「我不認識這個人。」

梁武帝和達摩之間這段故事的主旨，很貼切的說明了「以無所得故。」

梁武帝心想，我這麼費心的做功德，而且功績卓著，達摩大師一定會好好的肯定稱讚他一番，可說是所有信徒當中，最值得表彰讚揚的佛教徒。所以梁武帝為了想獲得大師的讚美，首先做了一個「台階」，也就是先說明自己做了哪些事蹟，這樣達摩大師就能拾階而上，對他大大的讚揚一番。

沒想到達摩大師卻說：「毫無功德。」，梁武帝心想：「我做了那麼多，竟然在他眼中看來一文不值！」於是要達摩大師講清楚說明白，給他一個合理的交代。沒想到達摩大師又真的很誠懇的跟他說明他所說的那些功德，基本上都是「假仙」（台語），但為了不讓梁武帝太難過，勉強安慰他說：「有那麼一點點……。」

梁武帝又心有不甘的追問：「要不然你告訴我什麼才叫做『真功德』。」只見達摩大師從容的回答：「真正的功德，不必向外求，就在於發揮本身已有的『舍利子』，那如同水晶般澄澈的舍利子，就是真正的功德。」（原本就已經得到了！）這一講引發了梁武帝繼續聽下去的興趣，於是又接著問他評斷真假功德的標準在哪裡？達摩回答：「沒有任何標準。」

梁武帝心想，達摩的答案虛虛實實，彷彿就像在打太極一樣，好像快打倒他了，卻又被他吐得滿臉豆花，於是使出殺手鐗——「您算是哪根蔥啊？」沒想到達摩說：「我也不知道他是誰！」是啊！當我們的人生要下台一鞠躬時，「你不是你，我也不是我。」都消失在寬闊無涯的宇宙中……。

奧修說：「除非你的心靈之眼開啟，除非你的內在充滿光明，除非你能看見自己是誰，否則你是不可能醒覺的，唯有加深你的覺察，才能找到寧靜醒覺的空間。」

達摩運用這些虛虛實實的答案，就是要引導梁武帝看清楚「得」與「失」，真正的看見自己是誰，唯有知道自己到底是誰，才能在這些表象當中覺醒！覺醒了之後，就不會去在乎自己做了哪些功德？自己的功德有多大？在乎自己的得到或失去？往內看往內求，才不會被這些表象所困住，才不會被自己的執著所困住，如此才能「無智亦無得，以無所得故。」

以無所得故↑菩提薩埵↓依般若波羅蜜多故

展現自己的「同理心」

1. 你認為「同情心」和「同理心」有何不同？
2. 你認為「同情心」和「同理心」哪個比較好發揮？哪一個又比較難發揮？

經典文句

〈佛家版〉

一、菩提：從汙染迷惑中體悟四聖諦。梵語 bodhi 的音譯。

「菩薩」就是「菩提薩埵」的簡稱。佛教用語。梵語 bodhisattva 的音譯，全名為「菩提薩埵」，意譯作覺有情。**意義有兩種：第一種意義：專指成佛前的悉達多太子。**《修行本起經》．卷下：「菩薩見此眾生品類展轉相吞，慈心愍傷，即於樹下得第一禪。」

二、**第二種意義：指具備自利、利他的大願，追求無上覺悟境界，並且已證得性空（謂一切現象都沒有實體）之理的眾生。**菩薩所覺悟的境界在佛之下，而在阿羅漢之上。《佛說十地經》．卷二：「菩薩既得如是大慈、大悲、大捨意樂已，為欲救拔一切有情，轉更訪求世出世間諸利益事。」

而菩薩又分成「四大菩薩」：大乘佛教稱文殊師利、普賢、觀世音、地藏王為四大菩薩。文殊師利代表大智；普賢代表大行；觀世音代表大悲；地藏王代表大願。

1. **文殊師利菩薩：**佛教菩薩名，為梵語 Mañjuśrī 的音譯，簡稱為「文殊」；**象徵佛陀智慧的菩薩**。在中國，與觀音、地藏、普賢並稱四大菩薩。中國佛教徒相傳，山西五臺山是文殊師利的道場。其外形為頂結五髻、手持寶劍的童子形，或作「曼殊室利」、「妙吉祥」。

2.**普賢菩薩**：中國佛教的四大菩薩之一，為釋迦牟尼佛的右脅侍。**普賢是菩薩大行的代表**。中國佛教徒相傳四川峨眉山是普賢菩薩的道場；其塑像多騎白象，與左脅侍文殊騎獅子相對。

3.**觀世音菩薩**：佛教菩薩名，為阿彌陀佛的左侍，西方三聖之一，**是慈悲的象徵**。當眾生有苦難時，只要稱念祂的名號，即可獲得解脫苦厄。祂還會就眾生的因緣化作種種不同的身分度化之；因此又有各種別稱，如水月觀音、魚籃觀音、馬郎婦觀音等，合計中日關於觀世音的別稱，共有三十三，又名三十三身。關於觀世音菩薩的形象，南北朝多依經典作男子，唐以後常作女相，是佛教中最受崇拜的菩薩。觀世音或譯作「觀自在」，古譯作光世音，略稱為「觀音」。亦稱為「「大士」、「觀世音」、「觀自在菩薩」、「觀音菩薩」、「觀音媽」、「觀音大士」。

4.**地藏王菩薩**：佛教菩薩，四大菩薩之一。根據《地藏菩薩本願經》的說法，祂原是婆羅門子，曾祈求釋迦牟尼幫祂邪惡的母親脫離地獄，後誓度盡地獄中一切眾生。**祂被認為是菩薩大願的代表**。雖然《地藏菩薩本願經》可能是中國人撰寫的，但不會因此影響中國佛教徒的信仰。傳說祂曾化身投生新羅國王族，姓金名喬覺，出家來華，入九華山，居數十年圓寂，肉身不壞，因此九華山被認為是地藏菩薩的道場。地藏菩薩的像多作比丘相，有光環，兩眉間蓄髮一簇，手持法杖，亦作「地藏」、「地藏王」、「地藏王菩薩」。

中國佛教傳說山西五臺山為文殊師利菩薩的道場；浙江普陀山是觀世音菩薩的道場；四川峨眉山為普賢菩薩的道場；安徽九華山是地藏王菩薩的道場。故眾人將此四山視為佛教勝地，合稱為「四大名山」。

菩提薩埵，簡單來講，就是「菩薩」。意義有兩種：第一種意義：專指成佛前的悉達多太子。第二種意義：指具備自利、利他的大願，追求無上覺悟境界，並且已證得性空之理的眾生。接下來的闡述，我們就以第二層意義來說明。

「菩薩」，有人說祂是一個了解諸法實相的有情。因為祂知道世間萬物的背後的因果關係，而能超越世俗間的得失成敗，祂能超越苦集滅道，也能超越六跟六塵五蘊的人，還能超越色與空的關係，能超越一切苦厄，發揮勇氣徹底實踐祂的信念，**總之，祂是一位具有「悲」天憫人、「智」慧通達、「行」滿功圓、「願」**力行深的人。

但是獨善其身，還不足以彰顯菩薩的精神。**還得觀世音來聞聲救苦，度天下人的一切苦厄。**就如《阿彌陀經》中所說：「釋迦牟尼佛能為甚難稀有之事，能於娑婆國土、五濁惡世，劫濁、見濁、煩惱濁、眾生濁、命濁中得阿耨多羅三藐三菩提；為諸眾生說是一切世間難信之法。舍利弗！當知我於五濁惡世行此難事，得阿耨多羅三藐三菩提，為一切世間說此難信之法，是為甚難。」

〈心理學版〉

當菩薩的人，對於世間的一切苦，要有悲天憫人、憂傷世間多變、哀憐百姓疾苦的「同情心」，還要有能洞察世間情緣因果的「同理心」。「同情心」（sympathy）在心理學上指主觀的體會他人內心的感情，能感人之所感。如：「看到他這麼失落沮喪，同情心油然而生。」「同理心」（empathy）在心理學上指能站在對方的立場，設身處地去體會當事人感覺的心理歷程。如：「我能理解他為什麼這麼失落沮喪的原因。」

「同理心」的心理歷程包括兩個要素：第一為「感人之所感」，就主觀角度來發揮「同情心」；第二為「知人之所感」，就客觀角度來「理解」，了解事情的來龍去脈並明白事理的因果關係。

同理心，又可稱之為換位思考、神入、移情、共情，就是經由自己對自己的理解，來了解他人。英文為Empathy，源於希臘語詞 ἐμπάθεια（empatheia）；指站在對方立場設身處地思考的一種方式。與同情（sympathy）不同的是，Empathy 包括身體感官的反應及心理的感受，並不單純指認知思維。

在人際互動的過程中，能夠理解他人的想法，體會他人的感受，並且能用對方的角度來思考和處理問題；在特定已發生的事情中，把自己當做是別人，進而去想像自己，可能會由於什麼樣的動機才會導致這種反應，因而產生這樣的事件。由於自己已經理解並感受了這樣的心理歷程，因此也就能理解並進入別人的這種心理。

這種「同理心」，在面對與自己看法不同或不認同的人事物上時，應善用「同理心」，從主觀及客觀兩種不同的角度來看待事情，能有助於調控自己的反應，並跳脫自己的思考框架，能讓自己看事情有更寬宏的角度及更開闊的心胸。

菩提薩埵↑依般若波羅蜜多故↓心無罣礙，無罣礙故

展現最終極的「智慧」

1. 你認為「聰明」和「智慧」有何不同？
2. 如果只能選擇其中之一的話，你會選擇成為一個「聰明」還是「智慧」的人？為什麼？

經典文句

〈佛家版〉

1. 依：

• 靠著、倚傍。

• 倚靠、倚託。如：「相依為命」。

• 按照、遵循。如：「依樣畫葫蘆」

• 聽從、順從。如：「我們就依著她的意見吧！」

2. **般若：能證悟空理的智慧。梵語 Prajñā 的音譯。**

3. **波羅蜜：從生死輪迴的苦海至解脫的彼岸。為梵語 Pāramī 的音譯。**

4. **故：原因、根由。**

「般若」總括來說，就是一種「智慧」。「智慧」和「聰明」不同，「聰明」有兩種意涵。第一種指的是耳目敏捷。例如：「耳聰目明」。另一種意涵則是天資靈敏，理解力高，心思細巧。

而「智慧」也有三種意涵：第一種指的是分析、判斷、創造、思考的能力。第二種指的是聰明才智。第三種意涵，則是佛教用語。指證悟一切現象之真實性的智力。《維摩詰所說經》‧卷中：「雖行七覺分，而分別佛之智慧。」或稱為「般若」。

讀者們如果能了解「智慧」和「聰明」的不同時就能發現，在我們日常生活中，表情達意時所使用的詞彙往往濫用了「智慧」一詞，舉例來說，「智慧型犯罪」指的是犯罪手法高明的犯罪，但犯罪的人，徒有「聰明」缺乏「智慧」，而且聰明反被聰明誤。有「智慧」的人就不會聽從欲望，讓自己在無意識的狀況下犯罪。而現在超夯的「智慧型手機」，的確在設計上充滿創造力，整支手機可說是人類聰明才智的代表；**但是不管功能再酷再炫，都無法取代能「證悟一切現象之真實性的智力」，也就是「般若」。**

從「智慧」的「慧」字，我們可以看上半部像是掃帚的帚把，而下半部是「心」。「智慧」就是要用「心」去駕馭「帚把」，拿掃帚掃什麼呢？當然是掃掉我們頭腦中亂七八糟的念頭和欲望。有句話說：「智人修內蠢旁尋。」智慧在哪裡？在心裡！也就是我們本身所擁有的舍利子裡，那千百年來不斷輪迴中所累積的智慧因子，這種智慧因子，是要靠不斷的觀照、覺察以及覺醒才能不斷的成長茁壯，但若我們的腦子老是處於無意識的狀態，腦中充滿各種妄想與欲望，將累積厚厚的塵垢。

同時，我們也得用掃帚掃除心上那層厚厚的灰塵，這樣我們自身舍利子滋長智慧的能量與潛力，甚至是佛性，才能撥開烏雲見明月，我們的內在之旅，才能柳暗花明又一村；也唯有如此，我們才能到達從生死輪迴的苦海解脫的彼岸，也就是波羅蜜。

〈心理學版〉

「聰明」和「智慧」與「智力」頗有關係。所謂的「智力」，有兩種意涵。第一種是才智與勇力。第二種是一種較持久的個人行為屬性，表現在適應環境、學習、抽象思考等能力上，可以用智力測驗來測量。就心理學的觀點來看，影響智力發展最主要的因素莫過於遺傳和環境兩大因素。

一、**遺傳和環境對智力發展互相影響**

如果個體的生長環境越好，便能將自身所擁有的智商發揮得淋漓盡致。換句話說，若個體的生長環境越差，將較無法把自身所擁有的智商發揮得淋漓盡致。不過環境對智力發展的影響還是有限度的，再好的環境也不會使智商超越遺傳的上限。再壞的環境，也不會使智商低於遺傳的下限。總而言之，環境因素絕不會超越個人的遺傳限制。

二、**智力在不同種族文化下的不同**

1. **遺傳決定觀：**有一種說法是用「遺傳決定觀」來說明為何黑人智力低於白人，這完全是遺傳使然（以金遜 Jense）。有一種論點則是用「文化貧乏觀」來說明為何黑人智力低於白人，那是因為大部分的黑人從小的環境文化較為貧乏（金遜 Jesen，1980）。

2. **文化貧乏觀**：遺傳因素對智商所產生的作用，主要是在同種族的個體之間。然而美國的黑人雖然都在同一個國家，但彼此的文化背景不同。在黑人家庭中長大的孩子所受到的文化刺激較少。（勃勞 Blau，1981& 渥爾夫 Wolf，1965）。

3. **測驗效度觀**：在進行施測時，例如白人的心理學家所使用的語言溝通方式及態度可能有所不同，且所編製的智力測驗的內容在題目的編製上，也可能較符合白人中產階級的生活經驗。（希利德 Hiliard，1984）

從以上心理學對智力的討論來看，個人智力的發展難免會受到遺傳、環境及文化的影響。但是**從《心經》的觀點來看，每個人的智慧與我們的遺傳、環境與文化都沒有關係，重點在我們的觀照、覺察及覺醒**，充分運用這三者，才能將般若般的智慧展現出來。這樣的智慧，不分男女，不分國別，不分地區，不分文化，只在於有沒有決心去覺醒！

靜心自得

在一九九八年的王水事件中，一位女孩因為與另一位女孩競爭同一個男孩的愛，而選擇了一條毀滅性的道路。她利用她的化學專業知識調製出王水，終結了另一個女孩的生命。我們可以發現，即使她擁有極高的專業知識，但在道德跟情感處理上是零分！

我們是否應該僅僅根據知識水平來評價一個人的價值？這樣的觀點忽略了人類情感和倫理的複雜性。這位女孩或許在學術上表現出色，但她卻無法理解如何以一種負責任的方式處理情感衝突。當她被迫在生命的十字路口做出抉擇時，她選擇了一條充滿暴力和毀滅性的道路，而非尋求更溫和的解決方案。

我們經常以分數來評價一個學生的優劣，但這並不代表他們的人格發展。一個分數較低的學生可能擁有豐富的人性理解，而一個分數較高的學生則不一定具備處理情感和道德議題的能力。

知識完全不等於智慧，也完全沒辦法轉換成智慧。

但高級知識分子慣用專業知識來解決生命的問題，看起來好像順理成章，方便且迅速，但這不是工作上的問題，而是生命的課題。**生命的課題，光靠專業知識是無法解決的，還得要靠**

「智慧」來解決。「知識」可以提供解決問題需要的技巧和方法，但是卻無法提供洞徹人性進化生命的方法。用「知識」來解決人生難題，的確很方便迅速，一旦牽扯到生命，問題就複雜多了，那不是一加一等於二，或者是三減一等於二，就可以解出來的答案！

還是回歸到「智慧」吧！我所謂「回歸」的意思，**其實是我們本身就已經有足夠增長智慧的潛力，只是我們一直往外求**，往外在去追尋更淵博的知識，更高深的學歷……只是這些對我們智慧的滋長無濟於事，對我們生命的難題也愛莫能助！現代人如果再盲目追求那些外在無止盡的欲望，大學生用王水解決掉情敵、法律系學生搶劫只為了買手機……這種自以為聰明，但實則無意識無智慧的荒謬劇情將不斷的在人生的舞台中上演……

如想要中止荒謬般的鬧劇無止境的在自己人生的輪迴中不斷上演，則需善用觀照覺知並覺醒，催化出般若的智慧，帶領我們到波羅蜜的境界！

整句話「依般若波羅蜜多故」很清楚的告訴我們，在眾多苦厄當中，只要依靠般若智慈，就能展現出清明的智慧；只要遵從這般若智慧，就是你我內在之旅的最佳嚮導。只要順從這般若智慧，就能順利的擺脫生死輪迴到達彼岸。

依般若波羅蜜多故→心無罣礙，無罣礙故→無有恐怖

超越潛意識的失落感

1. 此時此刻，在自己的心中，有哪些牽掛的人事物呢？
2. 你認為會讓你產生牽掛的原因為何？

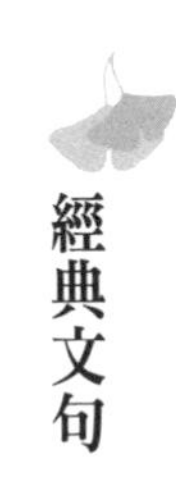

經典文句

〈佛家版〉

1.心：

- 內臟之一。如：「心臟」
- 我國古代認為心主管思維，故相沿以為腦的代稱。如：「用心」。
- 思想、意念、感情。如：「傷心」。
- 思慮、謀畫。如：「有心人」。
- 性情。如：「心性」。

2.無：

- 「沒有」之意。
- 另有「突破」或「超越」的意思，也就是說「不受其影響」、「不隨之改變」、「不受其限制」的意思。

3.罣礙：

- 阻礙不通。

• 心中有所牽掛。如：「她去世時極為安詳，毫無罣礙。」亦作「掛礙」。
總之，沒有任何牽絆，心中沒有牽掛負擔，表示極為輕鬆。

4. 故：原因。

「心」是主宰，心是一切的基礎，心是一切的源頭。如果沒有心，一切都是枉然。學習求知需要場所，例如學校及教室等。「修行」也是一種學習，一種求知，不過重點不在於知識，而是一種大澈大悟的智慧；而「心」就是修行的場所。

我們的修行不能離開心，一旦離開心，就像掙開手的風箏一樣，只能隨風搖擺，甚至隨風飄逝。「心」就如同掌握風箏的那雙手，「心」是內在之旅的燈塔，「心」是修行的根本。修心的目的，就在於「處心有道，行己有方」，也就是以道修心，行事必守原則。**而這個「道」可以是《心經》中的智慧，是我們修心行事的依循原則**。

「心生種種法生，心滅種種法滅。」法就是念頭跟情愛。由於心的關係，才能生諸八萬四千種法門（佛教指修行者所從入的門徑）、八萬四千種屬性（事物所具有的性質）、八萬四千種煩惱。這一切的一切，都是由心所延伸出來的。心一動，任何思緒與念頭便紛紛擾擾的波動起來了！可見心為修行之本！心不修，再如何的虔誠的抄經唸經與佈施，一切都是枉然。

修心的目的就在於顯現智慧。可是我們的心境，常隨著外界事物的浮動著，就如同我在寫此章節時，全球世界各地爆發著「占據華爾街」（Occupy Wall Street）的活動，這個活動的目標是要持續佔領紐約市金融中心區的華爾街，以反抗大財團的貪婪不公和社會的不平等。那些在金字塔頂端的一％的富豪們，「占據」了九十九％的社會資源，是極度貪心的；而那些想要去「占據」金融重心華爾街或任何金融交易的重鎮的念頭也顯示出了人性的貪心。

人心一貪，就會產生比較心，心一旦將「比較」的念頭「掛」得緊緊的，就會產生「障礙」，一有罣礙，就無法看清表象，顯現智慧。無法用心展現智慧，就會陷入與別人比較，甚至產生所謂的「相對被剝奪感[23]」，因此陷入永無止盡的苦海當中。

如果我們拒絕將自己的財物跟別人分享，它們也會變得沒有價值。陳樹菊說：「錢，給需要的人才有用。」任何我們所牢牢抓緊的東西都是帶不走的。唯有鬆開那種根深蒂固的緊抓，然後再去感受分享，才能帶給你的自由和開闊的胸襟。

不管是獲得九十九％的人，還是只擁有一％的人，我們所擁有的，都將「以無所得故」，也就是「無所得」，什麼也沒得到。獲得九十九％的人，未必能得到九十九％的的幸福的人生

23 人們通常會主觀的認為，對於自己目前的社會與經濟的狀況，感到不平憤怒等負面感受，因為這是一種「種現實與期待的負面差距」，是由比較所產生出來的。

與內心的寧靜，而只擁有一％的人，也不代表只能獲得一％幸福的人生與內心的寧靜。我們的生命如受困在數字表象及遊戲當中，那麼那隻掌控風箏走向的手，便不是自己的雙手，而是那隻「看不見的手」。就如同資本主義市場機制是由一雙「看不見的手」所操控，我們的心，勢必也會被外界的表象所操控，那麼我們的心將會像未來的經濟一樣，充滿更多無法掌握的變數……因此，要成為心的主人，我們才能像個有「方向感」的風箏，擁有萬里無雲的天空。

〈心理學版〉

關於相對剝奪感（relative deprivation），人們普遍主觀認定，當自己對現下社會經濟產生憤怒不平的的負面感受，這是一種「對現實與期待充滿差距的負面情緒」，是由比較所產生出來的。

1. **定義：**

政治心理學家葛爾（Ted. Gurr）認為，所謂「相對剝奪感」的產生是「價值期望」大於「價值能力」。「價值期望」是指個人認為應該要擁有的（物質上或情感上），而「價值能力」則是兌現價值期望所需要的能力或潛能。簡單來說，套句俗話所說的：「人比人，氣死人。」人生在世各有境遇，各見得失，若事事與人比較得失、論長短成敗，則徒然自尋煩惱，落得生氣沮喪。如：「他家境富裕，且名下又擁有數家公司，如果拿自己跟他一較高下的話，這不是『人比人，氣死人』嗎？」

2. 分類：

而剝奪感的形成又可分為三類：

- 期望升高但能力卻未隨之增加：舉例來說，所謂的「新貧窮人」，是因為越來越多人相信，一個人滿足於現狀知足常樂是不符時代潮流的，是愚蠢的，人只要活著，就應該努力去打拼。因此「新貧窮人」被定義成沒有積極努力工作的懶惰人。其實，他們只不過是沒辦法養活自己而面臨生存困境的人。新貧階級可以說是台灣最窮苦的一群人。這群新貧族最具代表性的三個族群分別是：低薪的貧窮工作人口（working poor）、有工作能力卻失業的人口，以及女性單親家庭。這些都是社會救助系統救助對象以外的族群。
- 期望未變但能力卻衰退：舉例來說，「占據華爾街」（Occupy Wall Street）的活動可說是民眾們表達對政府公權力失望不滿的手段，即使政權輪替，但新政權的施政仍未能符合大多數民眾的期望，造成大多數民眾對金字塔頂端那一小搓富豪們的奢侈享受有強烈的被剝奪感。「為什麼那不是我？」、「同樣是人，怎麼會差這麼多呢？」儘管民眾對新舊政權的期望相同，但是當新政權能力表現不如預期，就會產生這樣的狀況。

• 期望升高伴隨著能力的衰退：舉例來說，像是革命，往往在這樣的情況下造成。在歷史上，很多政權的更迭，朝代的興替，都是這樣產生的。舉例來說，西元一九一七年十一月七日，俄國工人和農民在以列寧為首的布爾什維克黨領導下，進行了社會主義大革命。因為是俄曆的十月，故稱為「十月革命」。在此次革命中，布爾什維克黨奪得政權，推翻了二月革命後以克倫斯基領導的俄國臨時政府，創立了蘇維埃制度，又稱為「布爾什維克革命」。這種迅速的政權興替，也正是人民期望升高，但新政府表現又不如預期所導致長期、大規模的激烈衝突。

靜心自得

其實政權的興替正如歷史一般循環不已。充滿個人自由的資本主義發展過了頭，就有人嚮往重視社會正義的社會主義，但若社會主義發展過了頭，放任當政者的野心及權力過度擴大，就會形成專制獨裁的共產主義，等到共產主義控制過了頭，又嚮往強調個人自由的資本主義。

如此周而復始，循環不已。

那些「占據華爾街」民眾的怒吼，表層看起來是憤怒，但更深層的是——失落！

那種埋藏在深處的失落，只不過是藉由失業率的上升、經濟的不安，所引發的群體失落感。**想要藉由這樣的抗議活動，來彌補那種表層客觀名為「相對剝奪感」，但實際上是內心深層的「失落感」**。如果那些抗議民眾們能觀照自身所經歷的事件，覺察自己的反應與感受，並對自己的憤怒與不幸有所覺知的話，就可能在一連串數字遊戲與政商結構的侷限中覺醒，開出生命之花、智慧之果。

然而，有沒有一種可能，能超越這種經濟的興衰、階級的對立與政權的更迭所產生的矛盾、衝突及痛苦，讓自己的心不為外界的變動而波動，而能「心無罣礙」？這當中所需要的智慧就在這本《心經》裡。**不管是哪個國家發生「金融大海嘯」，都不會造成自己的「心靈大海嘯」，讓自己的心不再被外界表象所「占據」，就讓《心經》的智慧來「占據」我們的生命吧！**

「對人生而言，失敗與失落，根本就是見怪不怪的常態現象。」如果這正是我們脫離不了的常態現象，那該如何因應呢？

再多的金錢、再周全的社福措施都永遠無法彌補「潛意識中或多或少感受到失去『天人合一』的痛苦記憶。」這是我們集體的痛苦與失落，每次政權的興替和朝代的更迭中間所爆發的衝突和傷害，都只是一種集體宣洩的出口。**「時間」是最佳的療癒大師，而佛陀的唯一藥方，不會隨著時代潮流而改變，也不會超過藥品的有效期限，那就是——「覺知」。**

有了「覺知」，你我將心無罣礙，心中不但沒有罣礙，也就超越了罣礙本身，那麼自身的心，就可以很純然很全然的展現出自身的智慧，擁有智慧的人，才能夠當心的主人！生命的主人！

心無罣礙，無罣礙故↑無有恐怖↓
遠離顛倒夢想

心是勇氣的道路，無懼的源頭

1. 你認為什麼樣的人事物，不管是有形的，還是無形的，是最恐怖的呢？
2. 你都用什麼樣的心態來面對令你覺得恐怖的事物？

經典文句

〈佛家版〉

1. 無：

- 「沒有」之意。
- 另有「突破」或「超越」的意思，也就是說「不受其影響」、「不隨之改變」、「不受其限制」的意思。

2. 有：表事實、狀況的正面存在，與「無」相對。如：「有困難」、「有得有失」等。

3. 恐怖：害怕、畏懼。

這段經文想要告訴我們，我們之所以能「無有恐怖」，那是因為我們能以「心無罣礙，無罣礙故」來作為基礎的。只有「心無罣礙」，才能使人達到「無有恐怖」的境界。想達到「無有恐怖」的境界，**最重要的關鍵，在於我們的「心」**。

奧修說：「讓我們變成奴隸的是自身的恐懼；當我們無所畏懼時，我們不再是個奴隸。」我們會感到恐怖的最主要的原因還是在於自己本身，當我們能超越自身的罣礙及恐懼之後，我們才能從中解放，並從茫茫苦海中解脫。「成為無懼唯一方法就是『接受』恐懼，這樣能量才得以釋放而成為自由。」「**接受」就是一種突破及超越的行為。只有接受後，才能放下它。**

「心的道路即是勇氣的道路。」只有聽從自己的心，並全然信任自己的內在引導，那麼心就會為我們指出勇氣的道路，有了勇氣，才能「無有恐怖」，也才能「無罣礙故」。

〈心理學版〉

「懼怕」（Fear），就是害怕的意思。許多因素能造成人產生害怕的感受或反應，而「恐怖」是其中之一。這是心理學上引發許多人研究與實驗的主題，有位心理學家指出，人的懼怕是由於人類出生前受到母親的保護，在溫暖安穩的母胎中生活著，但出生後就得面對外在環境溫度、情境等不同的變化，又經常受到外界的刺激，因而產生懼怕，故稱之為「原始的懼怕」。

1. **定義：**

在心理學中，「恐懼」與「焦慮」及「敵視」被譽為心理學的重要元素，也是形成精神官能症的重要部分。「恐懼」與「焦慮」在情感上都是面對危險時所產生的情緒反應，並且都引發著生理感官的感受與反應，兩者雖然接近，但本質上並不相同。

2. **原因：**

大部分人對特定的情境或事物會產生恐懼心理，例如黑暗陰森、懸在半空、對水及火等產生很自然的恐懼反應，面對陌生少看的事物感到害怕，這些恐懼源自於人類在原始社會的野外生活狀態，是人類根植於 DNA 的恐懼。

在心理學中，有個非常有名的「小艾伯特實驗」（Little Albert experiment）證實了人類可以透過後天訓練使孩童對原本不害怕的東西感到害怕恐懼。而相似的研究也證實了能使人對高層建築、花、雲等事物產生恐懼。

在實驗中，當被實驗的人感到恐懼時，心理學家們觀察到大腦邊緣的活動加強，這些研究為「恐懼來自對事物的認知方式」提供了強而有力的論據；但這些深植人心的恐懼因素並未隨文明進步、價值觀念的改變而有所變化，例如人類對過往的瘟疫[24]、黑死病[25]等大型傳染病的恐懼，並未隨著現代醫療的發達進步或生活環境改善而減少。

3.反應：

當人類面對恐懼，往往瞬間腎上腺素[26]大量釋放，使人體進入應急狀態，心跳加速、血壓

24 流行性急性傳染病的總稱。

25 病名。一種急性細菌性傳染病，因鼠體上的跳蚤傳入人體而引起，曾流行於西元一三四七～一三五一年間的歐洲大陸。

26 一種激素。由腎上腺髓質分泌，是腎上腺的主成分，可由哺乳動物的腎上腺提取或用合成法製得。能促進交感神經的作用，具有使心肌與血管收縮力增加、心跳加快、血糖增加、肝糖含量降低、血壓升高等功用，可應付急難，或治療嚴重氣喘、作緊急甦醒等。又稱為「副腎素」。

跟著上升、呼吸跟著加深加快；而肌肉（尤其是下肢肌肉）供血量大量增加，如此才因應能逃跑或抵抗；另外瞳孔也會放大、瞪大眼睛以接收更多光線；至於大腦則釋放多巴胺[27]類物質，使人精神高度集中，以利迅速判斷形勢。

從市面上總有豐富多元的驚悚恐怖電影、小說、漫畫及遊戲等深獲讀者、聽眾的歡迎，還有隨著地球氣候變異，各種天災接二連三發生，人禍紛擾不已等各種有關世界末日的新聞及電影，也滿足了許多人的想像力與好奇心。從心理學的角度來看，這正滿足了人們在平凡甚至接近無聊的生活模式尋求刺激的需要。也有心理學家認為這與人類感到恐懼時，所釋放的多巴胺能產生興奮有關。

我在寫此章節時，歐美各地紛傳經濟危機，各種抗議活動頻傳，恐怖攻擊事件也蠢蠢欲動，泰國爆發了千年難得一見的大洪災，各種天災人禍紛至沓來，也引發了許多關於世界末日的傳言……不管這一天是否會到來，**世界末日的預言也充分反映出目前人類對於現況的不滿、無奈以及恐懼**。「超越死亡的唯一之道就是接受死亡，唯有接受死亡，死亡自然消失。」對於

27 多巴胺（Dopamine）（C_6H_3（OH）$_2$-CH_2-CH_2-NH_2）是一種腦內分泌物，屬於神經遞質，可影響一個人的情緒。它正式的化學名稱為4-（2-乙胺基）苯-1，2-二酚，簡稱「DA」。阿爾維德·卡爾森確定多巴胺，為腦內資訊傳遞者的角色使他贏得了二〇〇〇年諾貝爾醫學獎。

種種世界末日的謠言搞得人心終日惶惶不安，最好的面對方式，就是「超越」。而「超越」的唯一方法，就是「接受」，如此這些世界末日所帶來種種負面感受，將會自然消失。

同樣的道理，「超越恐怖的唯一之道就是接受恐怖，唯有接受恐怖，恐怖自然消失。」若能運用這樣的心態，來看待一切，在**當我們接受這一切的同時，一切也都跟著自然消失……**。「最終與我們在一起的，唯有內在的自己，到最後唯一剩下的，正是我們最初所帶在身上的，我們只能拿走當初自己所帶來的東西。」那個最初的初衷，最初的心願，**就在於我們的心，只要與心同行，沒有什麼會失去，沒有什麼會得到，沒有什麼罣礙，更沒有什麼會感到恐懼……**

靜心自得

從之前的篇章，我們曾提及了美國的「占據華爾街」（Occupy Wall Street）活動。以前從好萊塢的電影及美國影集中所看到家庭和樂融融的畫面，男女主角的感人戀情，白手起家的成功事例等等，吸引許多人前來美國築夢、追夢以至於美夢成真。

但「人生如夢」，人的一生如同一場春夢，短暫而虛幻。美國之夢再怎麼美輪美奐，再怎麼動人心弦，再怎麼激勵人心，終究是一場夢。因此「無智亦無得，以無所得故。」

「明天會更好」也只是一種美麗的幻想，因為《心經》告訴我們：「色不異空，空不異色。色即是空，空即是色。受想行識，亦復如是。」我們的生命和整個世界都是關無常的，因此「過去心」和「未來心」皆不可得，唯一真實的時刻（real moment）就是「當下」，只要我們照顧好此刻當下，那麼未來將會如實的照顧我們。這是揉合時間和自我生命的因果原則。

每個人都喜歡也需要「安全感」，安全無虞的感覺，是我們賴以生存下去的重要關鍵。可是從以上論述來看，**生命本來就充滿著各式各樣的不安全感，這正是生命的真實面貌**，「安全感」有時就像心理學當中的「安慰劑效應」（placebo effect）[28]，讓我們在無常的生命中，有個勉強可以安慰自己的東西。但是靠安全感過日子，就越來越害怕，當我們賴以生存的安全感一旦消失，我們就可能連自己是誰，未來該如何走下去都不知道！因此服用「安全感」這帖藥方最嚴重的副作用，就是伴隨著心中隱隱發作的恐懼。

現代科技非常發達，但「水能載舟，亦能覆舟。」舉例來說，上個網收發E-mail，也被帳號會害怕被盜取；上網買個東西或加入團購的行列，也害怕被店家所欺騙。在臉書或IG上收到交友邀請，也不知對方是何人，擔心自己「私領域」的發言，被不該看到的人看到……

從以上的論述我們可以很清楚的看到，我們的生活以至於生命，充滿著各式各樣的害怕，

28 指病人雖然獲得無效的治療，但卻「預料」或「相信」治療有效，而讓病患症狀得到舒緩的現象。

這是真實的生命面貌，不分男女老幼，無論貧窮貴賤，都逃離不了的恐懼。既然如此，究竟該怎麼辦呢？《心經》從一開始就告訴我們，這本經典的終極目標，就是「度一切苦厄」，如何達成目標？「心無罣礙，無罣礙故，無有恐怖。」**我們的「心」正是勇氣的道路，用「心」才能讓勇氣走出來，有了勇氣，自能無懼，也就能「無有恐怖」。**

無有恐怖↑遠離顛倒夢想↓究竟涅槃

善用偶然來孕育覺醒

1. 你覺得「理想」和「夢想」一樣嗎？怎麼說？
2. 你目前有什麼樣的「夢想」？能夠美夢成真嗎？

經典文句

〈佛家版〉

1. 遠離：闊別遠行之意。「離」距、相隔之意。如：「我家離捷運站很近。」

2. 顛倒：

- 上下前後次序倒置。
- 心神離亂。如：「精神顛倒，恍惚不寧。」
- 破滅、傾覆。

3. 夢想：

- 妄想、空想。如：「不想付出就想要有所收穫，那簡直是夢想。」
- 渴想。如：「她從小就夢想有一天成為明星。」

《圓覺經》說：「一切眾生，從無始來，種種顛倒，猶如迷人，四方易處。」四顛倒，即以無常為常——常顛倒；以痛苦為樂——樂顛倒；以不淨為淨——淨顛倒；以無我為我——我顛倒。

佛說：「一切有為法皆如夢。」同樣的，在《金剛經》裡，「如夢幻泡影」中的「如夢」，用以比喻我們的身心世界，和我們所擁有的一切，就像是作夢幻想般，是非常不真實的，做夢時見有，夢醒後即無。正所謂：「迷時明明有六趣[29]，覺後空空無大千[30]。」正說明一切有為法的虛假，徒有表象而無實體。

〈心理學版〉

只要是人多少都會做夢，從古至今亦是如此，可是，對「夢」有科學性、有系統性的實驗，卻是在這百年來的事。我們將這段研究大致分成兩個時期，第一個時期是對「夢的解釋」，第二個時期則是對「夢的研究」。第一時期大致以佛洛伊德（Sigmund Freud）的研究為主，他的名著《夢的解析》（The interpretation of dreams）對於人類的夢，有極為獨到的觀點。而第二時期對夢的研究，多半是以實驗為主。茲大略說明如下：

1. 夢是通往潛意識的捷徑：

每個人所做的夢均是一種象徵性的表達，而且具有更深層的意涵。因此值得你我對自己所

29 佛教用語。輪迴眾生依其生存狀態分成天、人、阿修羅、地獄、惡鬼、畜生六種，合稱為「六趣」。

30 古印度的宇宙觀，後影響佛教，成為佛教的宇宙觀。其說以須彌山為中心，以鐵圍山為外郭，同一日月所照的空間，稱為「小世界」。一千個小世界稱為「小千世界」；一千個小千世界稱為「中千世界」；一千個中千世界稱為「大千世界」。因一個大千世界是由小中大三種千世界組成，故稱為「三千大千世界」。簡稱為「大千」。

做的夢加以了解；然而即使深刻的檢視與了解之後，當事人也未必能夠完整了解夢的真正意涵。

2. 夢境有顯性與潛性之分：

「夢境」（dream content）指夢中的一切的所見所聞及幻象幻覺。又可分成兩個層面，一為顯性夢境（manifest content），這是我們醒來後所能回想起且能敘述的夢境，屬於夢境的表面及意識層面。另一則為潛性夢境（latent content），是夢境深處不被自己所了解的部分，屬於夢境的真面貌及潛意識層面。

3. 做夢可滿足慾望並可守護睡眠：

佛洛伊德認為，做夢可以滿足自身的慾望（wish fulfillment），又可當睡眠的守護者（sleep guardian），使睡眠更加安穩。以腦電波的研究來看，做夢通常發生在淺睡時期，在淺睡時期很容易因外界刺激而清醒，若當時夢未做完，還可再進入夢境，繼續未完之睡眠。

以上大致就是就佛洛伊德的在《夢的解析》這本書中所提出對夢的看法。從心理學的角度來看，**夢是有意識看無意識的一扇窗子**。也有心理學家認為，人類做夢是大腦在虛擬環境中，對於如何處理危險情況的彩排；尤其是噩夢。據研究顯示，人類每年大概要做三〇〇到一〇〇〇次噩夢。人類正是在噩夢中進行安全防護的事先演練。

4.研究夢的科學學科稱作夢學（oneirology）：

這時期的研究認為，夢是一種主體（觀）經驗，是人在睡眠時產生想像的影像、聲音、思考或感覺，通常是非自願的。做夢與快速動眼睡眠（REM sleep）有關，通常發生在睡眠後期的淺睡期，這段期間的特色為眼球會快速的水平運動、腦橋（pons）的刺激使呼吸與心跳的速度跟著加快、並可能伴隨著間歇性的肢體麻痺。夢也可能發生在其他睡眠時期之中，不過較為少見。

5.有八類主要的夢：

根據賀爾（Hall&Van de Castel）的研究顯示，夢境可分為下列八種類型：

⑴各類人物。⑵各類動物。⑶人際間交往。⑷幸遇與背遇。⑸成敗經驗。⑹戶內或戶外活動。⑺空間與物體。⑻情緒反應。從以上這八種主要種類來看，非常貼近人類真實生活的境況。正如同有句話說：「日有所思，夜有所夢。」白天思慮不忘的事情，到晚上就有可能夢到相關的事物。

除此之外，還有人認為做夢的原因是因為人入睡後靈魂離開軀體，穿越時空的藩籬，因此發生過有人在現實生活中驚訝的發現現實生活中出現會在夢中曾經見過、經歷過的人事物，這種情形稱之為「既視感」。

從以上心理學的觀點來看，「日有所思，夜有所夢」，是最貼近我們目前生活的詮釋。因此又衍生出「人生如夢」——人的一生如同一場春夢，短暫而虛幻。「浮生若夢」——人生好像短暫的夢幻。「大夢初醒」——從錯誤、迷亂或被蒙蔽當中覺醒等說法。**不管是什麼樣的夢境，有起點自然就會有終點，不管是什麼樣的夢境，終點都是「覺醒」。只是每個人覺醒的情境及原因是不一樣的。**

「遠離顛倒夢想」，這四個顛倒的情境，就是醞釀覺醒的契機。而且「顛倒」一詞還有破滅、傾覆的意涵。就是在這樣難以想像且荒謬的情境中可能產生破滅傾覆的情形，覺醒之芽往往就在幻滅中逐漸滋長茁壯。美國知名諮商心理學家瑪莉安娜．卡普蘭（Mariana Caplan）說：**「死亡是讓人覺醒的最後一個鬧鐘」**，並接著說：「如果死亡就是失敗，那我們已經大敗特敗，因為大家都是走向墳墓的旅者。但是，如果死亡是最後的提醒，是活下去的最大誘因，是靈魂覺醒的鬧鐘，那麼，死亡絕對不是失敗，而是全然覺醒的機會，一個讓自己覺醒的最後機會。」

「生命，它一直持續的往前走，這就是人生旅程，旅途本身就是生命。」它也可以是一趟「覺醒之旅」，只不過要以「內在之旅」的方式來進行，「外在之旅」是來接收外在世界的訊息及刺激，而「內在之旅」則是深化並催化覺醒之芽的成長與茁壯！等到時機成熟的那一天，我們自然能從人生這個夢醒過來！

南柯一夢

唐朝時，有個叫做淳于棼的人，由於和朋友喝酒的關係，因而喝醉了！於是就躺在一棵槐樹下睡著了……

忽然間，他看到槐安國的國王竟派人迎接他到槐安國去，於是欣然前往。不久之後，因為受到賞識而當了駙馬爺。當時的南柯郡，正需要一位有治理能力的太守，國王就決定派他前往赴任，於是淳于棼便帶著一家大小，浩浩蕩蕩的離開京城。

淳于棼在南柯當了二十年的太守，治績顯赫，因此獲得百姓們的愛戴，果然不負國王的殷切期待，於是給他升官加爵，並賜予他兒子們高官厚祿。一時之間，他不但獲得家財萬貫、功成名就，也可以說是當時國內，聲望最高的官員，也是最有名望的皇親國戚，誰都比不上。

然而，就在如此人生高峰時，淳于棼的愛將打了敗仗，「屋漏偏逢連夜雨」，愛妻也因重病去世。種種人生的重大打擊接踵而至，逼得他快要喘不過氣，於是他離開了南柯郡，回到京都去調養生息，轉換心情。

禍不單行的是，見不得淳于棼聲望成就者便處心積慮的在國王面前說淳于棼的壞話，也許是他功高震主，連國王也感到威脅而有所顧忌，於是開始監督他的一言一行，並且限制他的交遊與行動。最後，禁不起旁人一再的挑撥離見，被以莫須有的藉口，遣送他回到自己的家鄉。

在離開槐安國的途中，他深刻體會到，什麼叫做「景物依舊，人事全非」的喟嘆！他想起剛來槐安國的時候，幫他駕車的人多麼意興風發，而現在的車夫卻懶得理他，真可說是天壤之別啊！正唏嘘不已時，突然，淳于棼從夢中驚醒，才知道原來是睡了一覺，看一下天色，大概只不過是一、兩個小時的事，但如此真實的夢境，竟讓他有種度過了一生的感受。

以上這則故事出自於唐代傳奇小說《南柯太守傳》，李公佐所著。敘述廣陵人淳于棼醉酒做夢，夢中被大槐國招為駙馬，並任命為南柯太守，歷盡窮通榮辱的故事。

在夢中，他偶然被國王所賞識，竟然派人迎接他到槐安國去。這個「偶然」若以覺醒視之，並非偶然，在覺醒的這條路上，偶然，是促進覺醒的契機；因此，對一心想覺醒的人來說，要善用每個偶然的機會，讓周遭的每件事情教導我們覺醒。

對淳于棼來說，老天爺給了他許多「偶然」的機會。舉例來說，被國王所賞識、當上駙馬爺、當南柯的太守、愛將打了敗仗、愛妻也因重病去世、被小人陷害以至於被遣送回鄉等等，這些偶然的事蹟，**從覺醒的觀點來看，其實並不偶然，這些看似意外甚至顛倒的事情，其實都**

是孕育覺醒的搖籃。

但是人的一輩子，不可能一直都待在搖籃裡，若不願離開搖籃，就無法接觸到真實的世界，了解生命的真實面貌。那麼，這個「搖籃」就像「籠子」一樣，而且是用虛幻的安全感所架構而成的籠子。**其實，這個籠子並沒有上鎖，只要我們更加勇敢，就能脫離這個籠子！**而「脫離籠子」的這個舉動，就是所謂的「遠離顛倒夢想」，覺醒了之後，就知道要「遠離顛倒夢想」，而後「脫離籠子」。

「那個籠子的門一直都是開著的，天空一直都在那裡等著我們去探索，這種情況在剛開始的時候，可能使我們猶疑不定，那是很自然的，但是不要讓它成為我們體驗偶然機會的障礙，因為這些偶然機會，都有值得探索的另一面。」想離開安穩舒適的搖籃、想離開安全穩固的籠子，剛開始難免都會猶疑不定，但與其終生守在籠子裡體會那半夢半醒之間的痛苦，還是咬緊牙關振翅高飛吧！放棄對這個籠子的執著，也就是讓我們「心無罣礙，無罣礙故，無有恐怖，遠離顛倒夢想」，走出籠子，擁有一整片屬於自己的天空！

周公解夢

我們每個人每天晚上多多少少都會做夢，除非自身受過專業的訓練，否則我們很難了解夢境的真正意涵。一般人，習慣用迅速簡便的方式，而《周公解夢》就是一般民間文化，最常參考的解夢書。

《周公解夢》一書，將夢境主要分成二十七類，類別如下：1.天地日月星辰。2.地理山石樹木。3.身體面目齒髮。4.冠帶衣服鞋襪。5.刀劍旌節鐘鼓。6.帝王文武呼召。7.富室屋宇倉庫。8.門戶井灶廚廁。9.金銀珠玉絹帛。10.鏡環釵釧梳篦。11.衣帳毯褥匙檣。12.船車遊行物件。13.道路橋梁市集。14.夫妻產孕交懽。15.飲食酒肉瓜菜。16.塚墓棺槨迎送。17.文書筆硯兵器。18.哀樂病死歌唱。19.佛道僧尼鬼神。20.被害鬥傷打罵。21.捕禁刑罰獄具。22.田園五穀耕種。23.水火盜賊燈燭。24.垢汙沐浴凌辱。25.龍蛇禽獸等類。26.牛馬豬羊六畜。27.龜鱉魚蝦昆蟲。

若想要藉由《周公解夢》來了解自己的夢，可上網搜尋相關資料，就可能得到詳細的解說，另外，可多留意自己內心與直覺，對解自己的夢會更有所幫助。

遠離顛倒夢想↑究竟涅槃↓三世諸佛

佛性的覺醒時分

1. 你覺得「理想」和「夢想」一樣嗎？怎麼說？
2. 你目前有什麼樣的「夢想」？能夠美夢成真嗎？

經典文句

〈佛家版〉

1. 究竟：

- 窮盡、推求到完全明白。
- 完畢、結束。
- 到底。
- 真相、結果。

2. **涅槃：ㄋㄧㄝˋ ㄆㄢˊ。**

佛教修行者的終極理想。為梵語**nirvana**的音譯。意譯為滅、滅度、寂滅。指滅切貪、瞋、癡的境界。因為所有的煩惱都已滅絕，所以永不再輪迴生死。涅槃並非死時才能證得，肉身尚在者稱有餘依涅槃，肉身已死者稱無餘依涅槃；一般也用來尊稱出家人去世，也稱作「寂滅」、「圓寂」。

「滅」是除絕生死的因果。「度」有通過跨越之意，是跨越生死，由此岸到彼岸。「圓」有使完成完整之意，表示「德無不備」。「寂」佛教稱僧尼死亡為「寂」；表示「障無不盡」。

總括來說，**「涅槃」指的是一種脫離苦海及生死的圓滿境界。**

「究竟」是佛教的果位[31]。為梵語 arahan 的音譯。意為殺賊、應供、不生。在早期佛教，**阿羅漢是究竟的解境界**，與佛果（佛的果位）無別，但大乘佛教[32]興起後，將阿羅漢貶低，視為小乘[33]的最高果位而已，其上還有菩薩[34]和佛陀[35]的果位。

而「究竟涅槃」則是一種修行的終極目標，也是佛教徒修行的理想境界。當我們達到之後，就可以不用再六道輪迴[36]與生死輪迴[37]。**當一個人證得「阿羅漢」果位時，就達到了小乘佛**

---

31 修行之成就量、證得量的自我段位、級位量測檢定。

32 佛教的派別之一。興起於西元初，是從反對小乘佛教的注重自己修行為出發，強調眾生皆可成佛且以自利利他為重，流傳於中國、日本、韓國等亞洲地區。如：「雖然大乘佛教起源於印度，信徒卻以東北亞國家的人民居多。」

33 佛教用語。相對於大乘以成佛為最終的理想境界而言，大乘佛教徒稱那些以證得阿羅漢果位為終極理想的佛教宗派為「小乘」。

34 佛教用語。梵語 bodhisattva 的音譯，全名為「菩提薩埵」，意譯作覺有情。其義有二：一、專指成佛前的悉達多太子。修行本起經．卷下：「菩薩見此眾生品類，展轉相吞，慈心愍傷，即於樹下得第一禪。」二、指具備自利、利他的大願，追求無上覺悟境界，並且已證得性空之理的眾生。菩薩所覺悟的境界在佛之下，而在阿羅漢之上。

35 佛教指證悟宇宙真理，解脫一切煩惱的人。為梵語 buddha 的音譯，也稱之為「浮屠」、「浮圖」、「佛馱」。

36 一切尚未證得解脫的眾生，由於業力的關係，永遠在天道、人道、阿修羅道、餓鬼道、畜生道、地獄道六種範圍內轉化不休。

37 佛教謂眾生由於無明，致有種種行為，這些行為會遺留下業力，當這一期生命結束後，業力會引發再生，投生為天、人、阿修羅、地獄、餓鬼、畜生中的一種，然後老、病、死和各種痛苦又再次伴隨而來。眾生只要尚未證悟真理、斷除煩惱，如此的生命現象就會一再的循環。

教中的最高境界，也就是「究竟」。但是大乘佛教認為：眾生皆可成佛且以自利利他為重，因此還要度脫眾生，因此要以「究竟涅槃」作為修行的終極目標。

「究竟涅槃」就是「大般涅槃」，梵文作 **Mahaparinirvana**。認為一切眾生都有佛性等大乘思想，因此當一個人在證得「究竟涅槃」之後，就可以「心無罣礙，無罣礙故，無有恐怖，遠離顛倒夢想，究竟涅槃」，這樣才能幫助眾生，度一切苦厄。

〈心理學版〉

「輪迴」是佛家的一種觀念，多數人以為輪迴就是前世因果業報的宗教論，是無法以科學研究證明的：但是不少心理學家，透過實際案例研究，發現其實可用科學的方法來驗證它的存在。

簡單來說，「輪迴」就是循環不息的方式。在人世間，人們透過彼此的緣分，語言、動作等各方面所表現的行為，也就是佛家中指會產生苦樂果報的行為力量，在各自的生命中學習與探索。在宇宙間，輪迴業力法則是讓宇宙萬物持續重複運行的原則。

講到「輪迴」，就會與「業力」有關。講到「業力」，就會與「因果」有關。「因果」是指原因和結果。指事情演化的前後關連。如：「知道了事情的前因後果，就容易下判斷了。」

這是科學研究常用的觀點，也是事件或現象形成必有的前後關連。先發生的因導致後形成的果，兩者的關連密切而恆定，相同的因必會導致相同的果。舉例來說，科學研究中的「因果律」也是歸納推理的基礎原則之一。泛指事件的發生必有一定的原因，且有因必有果。就先後順序而言，因必定先於果，並且相似的原因必產生相似的結果。

而「因果」也是佛教基本觀念之一，謂因和果。佛教認為一切的生命形態和生活遭遇，都是過去意志行為的果，而過去意志行為則是造成果的因，因和果之間是相對的關係。舉例來說，佛家當中所謂的「三世因果」是佛教解釋眾生為何有形像、生活環境之種種差別的學說；謂**由於過去世的行為，決定了現在的狀況，而現在世的行為又決定了未來世的處境**。現在的果報，是過去因所造成，而現在所作的一切，又成為未來果報的因……如此不斷的行為造作，構成眾生輪迴的現象。

就心理學及科學來看，「輪迴」是持續不斷的運作著，沒有任何力量方法將「輪迴」停止。但是從佛家已驗證的智慧來看，「輪迴」其實是可以停止的，那就是達到「究竟涅槃」的境界，如此眾生就能脫離苦海到達彼岸，並回到自己心靈的原鄉……

《猶太法典（**The Talmud**）》上說：「每一根小草都有它自己的守護天使，坐在它的肩上日夜對他細語：『長大啊！長大啊……』」我們也是如此，在回到心靈原鄉的內在之旅中，自己就是內心的導引，然而若在內在之旅啟程找不到自己時，《心經》中的智慧，將會幫助我們找到自己的所在之處！

我們的「所在之處」，就是我們「心」，我們的心正是一切的答案、一切的奧祕、一切的終點、一切的起點……。總而言之，心就是涅槃。

每個人的人生都有一個主要課題

「每個人的人生都有一個主要課題」，而這樣的課題，就引發了我們的業力，並透過因果關係，藉由輪迴的模式，來達到學習生命課題的目的。輪迴所產生的力量，給予你我學習生命課題的動力，就如同電腦中的作業系統一樣，所有的硬軟體，都藉由這個系統來運作。

可是在運作的過程中若發生問題或產生疑難雜症時，該怎麼辦呢？「慈悲、仁愛、寬恕是消除人們業障的第一個藥方，忍受冤屈是消除人們業障的第二個藥方。」這兩個藥方，是陳勝英醫師經過多年實驗研究所研發的。這兩個藥方，可以說是「藥引」，是用來輔助主藥的副藥，能加強主藥劑的效力。而「主藥劑」則是佛陀的「覺知」。有了「覺知」，才能引發慈悲、**仁愛、寬恕的藥效，也才能引發忍受冤屈的藥效。唯有主藥和副藥一起搭配使用，才能有**

效解除人生的疑難雜症，而《心經》中的智慧，便是將這些主藥和副藥通通濃縮成一個膠囊，可隨身攜帶、隨時服用，並且沒有副作用。

「施捨有方，終會有報」和「好壞皆有報，相助不相抵」這兩個觀念是要告訴我們，「命運乃操縱在自己手中」。我們的心，決定了自己的命運，而心的主人又是自己。生命中的一切遭遇，終歸要問自己。是自己的心決定了一切。因此只有用心去觀照、去覺知、乃至於覺醒，才能終止無止盡的輪迴。

「除非佛性能夠完全甦醒過來」，佛性你我皆有，在不斷的探索與尋找的內在之旅中，《心經》的智慧猶如一座心海的燈塔，它能為我們照出方向，我們循著它的指引，找到了到達彼岸的道路，找到了自己，找到了自身獨一無二的舍利子，找到了心靈的原鄉。當我們看見真實自己的當下，也就是覺醒的時刻，也就是佛性甦醒的一刻，也就是脫離苦海終止輪迴的時刻！

究竟涅槃↑三世諸佛↓依般若波羅蜜多故，得阿耨多羅三藐三菩提

佛性的極致展現

1. 你認為「佛性」是什麼？它又在哪裡？
2. 「佛性」和自己的「本性」又有什麼關係呢？

經典文句

〈佛家版〉

1. **三世：**佛教謂過去、現在、未來。
2. **諸：**眾多、各個、所有、一切。如：「諸事」、「諸子百家」。
3. **佛：**佛陀的簡稱。佛教指證悟宇宙真理，解脫一切煩惱的人。為梵語 buddha 的音譯。

「三世諸佛」就是「十方三世一切諸佛」。「十方」是以東、西、南、北、東南、西南、東北、西北、上、下為十方，泛指各處、各界。「三世」則是指過去、現在和未來。而在佛教中，有「三世佛」的觀念，第一種指的是指過去、現在、未來三世的一切佛。第二種則是稱過去佛為迦葉諸佛，或特指燃燈佛，現在佛是釋迦牟尼佛，未來佛為彌勒佛三者。

另外《心海羅盤》的葉教授也提出不同的說法，他說：「看到心又很像沒有心的，我們稱為『過去佛』，那寂然不動的，很像很禪定的[38]，那種叫『未來佛』，那隨機接悟的，隨機立悟的是『現在佛』。」「而這些『名詞』的佛，祂只不過是一個象徵，但是祂原來的本質跟你

38 佛教用語。「禪那」與「定」的合稱。「禪那」是指修行者高度的集中精神，努力對某對象或主題去思維。「定」是指心住在一對象的境界之內。「禪那」是過程，「定」是結果。禪定依修習的層次可分為「四禪」和「八定」。但在中國，禪定的定義常是混合不區別。

都是一樣的。」這就如同大乘佛教的觀念——「人人皆有佛性」。

在釋迦牟尼[39]的時代，只有釋迦牟尼被稱為佛陀。而目前東南亞的佛教也認為佛陀就是釋迦牟尼。而傳進中國的大乘佛教，則強調眾生皆可成佛，且以自利利他為重，因此認為從古至今，以至於未來，有因覺悟而成就佛道的人就是佛。因此，人人皆有佛性，人人也能成佛。「三世諸佛」想表達的就是這樣的觀念。

〈心理學版〉

清華大學中文系教授楊儒認為：「密宗對成佛的嚮往如同榮格『個體化』的目標，佛性（空性）也可視為佛教版的「本我」原型。」分析心理學的創始者榮格（Carl Gustav Jung）以個體化（individuation process）的過程，用來形容人們在他們的一生中，以許多不同的方式發展，而且在許多層次中經歷多元化的改變。全體一生經驗的總合就是「本我」在心靈結構與意

39 梵語 Śākyamuni 的音譯。佛教創始人。釋迦牟尼意為「釋迦族的聖人」。俗名悉達多，生於西元前五六六年，原是釋迦國的太子，二十九歲出家修道，從當時著名的沙門阿羅邏迦羅摩和烏陀迦羅摩子修習禪定。不久就達到他們所教導的一切，但這並不能滿足他的要求，又經過六年的苦修，在一次夜晚的修禪中，他順次經歷禪那的四種境界，然後繼續集中精神，做最大的努力，就在那晚證悟了生命的真相，成就正覺（即佛陀）。從此之後，他被稱為佛陀。並到處說法，組織僧團，直至西元前四八六年圓寂。簡稱為「釋迦」。

識中的浮現，這個被榮格概念化的過程即稱為「個體化」。

榮格又定義一個人的「自我」朝向「自性」的轉化過程為「個體化過程」（individuation process），意指一個人的人格整合過程，或自性的發展過程，也是一生當中意識與無意識的整合發展到徹悟的過程。簡單來說，就是導向能對全體覺察的心靈發展過程，尋求更深更遠更高意涵的探索，使自己成為真正的自己。

個體化，就像是一種「修煉」，一種精神上的修煉。如同煉金術般在轉化物體的性質，它的目的是求心靈轉化，從物質的黑暗中解放出上帝。（Jung，1980：312）大量混亂複雜、奇形怪狀的煉金術符號，都形象化地描繪了心靈從蟄伏到甦醒的演變過程，以及此過程的各個階段經驗。在這些符號中，榮格也發現了一個人從無意識狀態到意識狀態的逐漸啟悟，以及構成其基礎的治療作用。（Jung，1959：264）

到最後，透過修煉，**個人的心靈和至高無上之存在的結合是個人心靈與永恆存在的接觸**，也是個人與超個人的統一，榮格稱之為一元宇宙（unus mundus）[40]，這也就是東方思想的「天

40 即一元世界，此用語是煉金師用來說明靈魂與物質間互相滲透的本質。在榮格心理學中，它被詮釋為心靈與物質間的互動關係。他希望這個概念能夠提供心理治療與物理學一個共同的基礎。

人合一」[41]，正是修煉的終極目的。這是超物質與超自然的事件，是神祕性（unio mystica）的統一，其實就是東方傳統中對「道」、「三昧」（samadhi，定）[42]或「開悟」[43]的體驗。（Jung）所以「個體化過程」正是修煉過程，道理十分明白。（呂應鐘《論自性與個體化》）

而羅布．普瑞斯（Rob Preece）[44]在《榮格與密宗的29個「覺」：佛法和心理學在個體化歷程中的交叉點》中說：「悉達多的流浪，榮格的煉金術，都象徵個體化的歷程。悉達多的『苦』，榮格的『陰影』，都是讓意識覺醒的催化劑。榮格說：『我們的心理疾病裡，都藏著神性。』就像幻象讓自性覺醒，我們的心理障礙和情結，也是我們看見佛性的因緣。榮格的精神分析，和佛法的覺，原來有著同樣的根，埋在我們的內心深處。」

我們從榮格的論述當中，從「個體化歷程」所提出的結論——「榮格的精神分析，和佛法的覺，原來有著同樣的根，埋在我們的內心深處」，正與大乘佛教中所強調的「人人皆有佛

41 中國哲學中關於天人關係的一種觀念。宋代理學家認為「仁」是所有德行的總名，仁者以天地萬物為一體。所以學者應汲於求仁，盡己之心性，存天理，去人慾，由格致誠正修齊治平，而與天地合德，就可以達到「天人合一」的境界。

42 佛教謂修行者將心集中在一點的狀況。為胡語音譯。基本上和把心保持在無散亂或靜止的境界相似。

43 佛教用語。指修行人證知現象沒有真實性的經驗。

44 普瑞斯從一九七三年開始修行佛法，主要是修密宗。他曾經在西藏幾位大喇嘛的指導之下，在喜馬拉雅山隱修多年。一九八七年之後擔任心理治療師，多次舉辦榮格與佛教心理學的工作坊課程。他也是經驗豐富的禪修老師以及唐卡畫家。

性，人人也能成佛」不謀而合。由此可見，不管古今中外，無論未來變化，**佛性，始終在我們的內心深處，未曾遠離我們……**

從「究竟涅槃」，強調佛性的覺醒。如同「動詞」的詞性一樣，告訴我們要「覺醒」。到了「三世諸佛」，強調你我皆可成佛，如同「副詞」的詞性一樣，告訴我們更要樂觀且積極的修行，因為你我皆可成佛，就看自己的「心」，願不願意去做。如果願意去做，**「佛」不只是個象徵性的名詞，更是一種動詞，也就是去展現內心深處的佛性！**

靜心自得

《心經》從「心無罣礙，無罣礙故，無有恐怖，遠離顛倒夢想，究竟涅盤，三世諸佛」一路下來的方向，就在於幫助我們展現佛性，也告訴我們展現佛性的方法，就在於「心中無罣無礙、無憂無慮、自自然然，佛性就在那裡，而且根本沒有來也沒有去。」佛性未曾遠離我們，也未曾消失，只是在等待我們去探索追尋。

佛陀說：「從他人身上看到自己，那麼，你能夠傷害誰？你能夠造成什麼傷害呢？」我們如能從內在菩提[45]心的覺知（即內在之旅）到與外在世界關係圓滿連結，《心經》便能幫助我們開啟靈魂之窗、內心之門、智慧法門，照亮經過心靈幽徑的真理之途，並學習藉由佛性的展現，來和宇宙萬物建立一個充滿愛與慈悲的關係。

舒亞達斯喇嘛[46]說：「不論你是否真正意識到了，但無可否認的，你永遠無法擺脫身為這個宇宙一分子的事實，所以，喚醒你心底埋藏已久的菩提種子，打開你那被物塵蒙蔽已久的靈魂感官，感受你與萬事萬物的緊密連繫，感受你在宇宙自然界中的神聖位置，感受那個美好的狂喜覺醒。」那「菩提種子」就如同我們內心的「舍利子」。「打開你那被物塵蒙蔽已久的靈魂感官」就是運用我們的「五蘊」及「六根」，去體會並去連結外在世界，那麼自然能夠清楚明白我們在宇宙中的定位；「感受那個美好的狂喜覺醒」——那正是佛性的展現！

無需刻意去追求那佛性的展現，就像玩捉迷藏時，我們越是心急於尋人，那麼別人也就躲得更遠、更隱密。且讓佛性如同自動導航系統一樣，讓它保持在最佳的狀態下，充分發揮導航

---

45 梵語 **bodhi** 的音譯。從汙染迷惑中體悟四聖諦。釋迦牟尼總括一切生死涅槃的因果及應取應捨之道，提出苦、集、滅、道四諦的教法。因這四項教法是真實、無錯亂，所以稱為「四諦」。苦諦謂生死輪迴是痛苦、不圓滿；集諦謂產生痛苦的原因；滅諦謂痛苦的息滅；道諦謂息滅痛苦的方法。四諦間的關係：苦諦是結果，集諦是原因，滅諦是結果，道諦是原因，苦、集應捨棄，滅、道應取應行。

46 舒亞．達斯喇嘛（Lama Surya Das）是早期的西方佛教禪定上師和學者之一。是正統西藏「大圓滿」法的傳承喇嘛，也是一位詩人、評論家和散文家，同時並積極地翻譯、出版許多佛教的相關書籍和經典。

效果。同樣的道理，只有當我們「心無罣礙，無罣礙故，無有恐怖，遠離顛倒夢想，究竟涅盤。」時，佛性就能為我們的生命導航。並穿越心靈幽徑的種種挑戰困境，在我們的面前展開康莊大道，重要的是，我們是否願意上路？只要願意上路，那麼三世諸佛，有為者亦若是也！

三世諸佛↑依般若波羅蜜多故，得阿耨多羅三藐三菩提↓故知般若波羅蜜多，是大神咒，是大明咒，是無上咒，是無等等咒

立志成佛

1. 你嚮往上天堂嗎？你覺得天堂應該會是什麼樣的景象？
2. 你覺得有沒有比天堂更高更極樂的世界？那又是個什麼樣的景象？

經典文句

〈佛家版〉

1. **般若：**能證悟空理的智慧。梵語 Prajñā 的音譯。

2. **波羅蜜多：**從生死輪迴的苦海至解脫的彼岸。為梵語 pāramitā 的音譯。亦作「波羅蜜」。（彼岸：佛教用語。指解脫後的境界，為涅槃的異稱。）

3. **阿耨多羅：**無上、最殊勝，為梵語 Anuttara 的音譯。其中「阿」即「無、沒有、無盡、無量」的意思。而「耨多羅」則為「更高、更上」的意思。

4. **三藐三菩提：**

佛教用語，為梵語 samyaksabodhi 的音譯，意譯為正等正覺，即佛教謂最究竟的覺悟，或稱為「正等菩提」、「三耶三菩提」。「三」為「遍、普遍、正確」的意思；「藐」則為「等位、階段」，即「平等」之意；「菩提」則是「覺知、感覺、感受、道統、智慧」。

由於「般若波羅蜜（多）」是「六波羅蜜[47]」的最後一項，所以講一個「般若波羅蜜」就可代表整個「六波羅蜜」的修行過程。**那個方向所指引的道路就是「菩薩道」，也就是「六波**

47 波羅蜜，譯自胡語，義為度或到彼岸，指到沒有煩惱、不再輪迴的彼岸。六波羅蜜即布施、持戒、忍辱、精進、禪定、智慧六種修行德目。修行者經由此六種修行德目，可到解脫的境界。

羅蜜」。總結來說：觀世音菩薩發揮勇氣實踐般若波羅蜜多的法門，在自我探索的情境中，越來越能看見生命的真相，體驗生命的奧祕，藉此堅定我們的心志，圓融我們的智慧，超脫此岸彼岸，到達究竟涅槃的境界。

接著「阿耨多羅三藐三菩提」是梵語 Annutara-samyak-sambodhi 的音譯，中文意思是「無上正等正覺」。「無上」是最高的、極致的意思，有「無法超越」的象徵意涵；「正等」是完美完滿的意思，有「圓滿」的象徵意涵；「正覺」表示「正確的覺悟」，有「佛陀」的象徵意涵。

「無上正等正覺」是指佛教修行上的最高覺悟、最高感受境界。依據梵語的諧音直譯則為「阿耨多羅三藐三菩提」，或稱「阿耨多羅三藐三菩提心」（anuttara-samyak-sambodhi），即「至高無上的平等覺悟之心」，也就是「成佛」。

所謂的「阿耨多羅三藐三菩提」已經是佛境界的智慧，就是因為依循佛家言「得阿耨多羅三藐三菩提」**表示成佛**。這樣的觀念散布在佛家的經典中。除了《心經》中的：「三世諸佛，依般若波羅蜜多故，得阿耨多羅三藐三菩提。」之外，另外在《金剛般若波羅蜜經（即金剛經）》中也有這種說法：「若復有人於此經中受持，乃至四句偈等，為他人說，其福勝彼。何以故？須菩提！一切諸佛，及諸佛阿耨多羅三藐三菩提法，皆從此經出。須菩提！所謂佛、法者，即非佛、法。」」，「復次，須菩提！善男子、善女人，受持讀誦此經，若為人輕賤，是人先世罪業，應墮惡道，以今世人輕賤故，先世罪業則為消滅，當得『阿耨多羅三藐三菩提』」。

「三世諸佛，依般若波羅蜜多故，得阿耨多羅三藐三菩提」，這句話表示古往今來，所有成佛的人，都是按照「般若波羅蜜多」來修行，而且把它當作自己的信仰，並且「行深」勇敢的實踐它，才能體悟「無上正等正覺」。

由於「般若波羅蜜（多）」是「六波羅蜜」的最後一項，所以講一個「般若波羅蜜」就可代表整個「六波羅蜜」的修行過程。那個方向所指引的道路就是「菩薩道」，也就是「六波羅蜜」。

至於「無上正等正覺」是個什麼樣的境界呢？當我寫到這裡時，突然閃過一個畫面，那就是電影《蘇西的世界》（THE LOVELY BONES），其中年僅十四歲的女主角蘇西，因慘遭殺害而上天堂。在電影中，蘇西．沙蒙第一次出場時，她已經到了天堂。於是她從這個陌生的新環境俯瞰人間，用一個十四歲女孩的眼光來告訴我們一個充滿愛與希望的故事。

她說天堂看來很像學校的操場，操場上擺著不錯的鞦韆架；天堂裡會有輔導老師幫助新來的人，還有朋友和她同住。只要肯動腦去想，她想要的東西都會出現在面前，不過她回不到最心愛的人身邊……。對於像我們這些普通人來說，蘇西口中的天堂，有著和人間相似之處。為什麼和人間相似，那是因為這是我們最熟悉的情境之一。**佛家常說：「人身難得」，「人身」是為了到達成佛的境界所準備的。因為吳九箴有句話說：「不想當人，就別想成佛」。**我們得好好的運用人身來修行，去布施、持戒、忍辱、精進、禪定、智慧，這樣我們才有機會到達這樣的境界。

「天堂裡會有輔導老師幫助新來的人，還有朋友和她同住。」在到達「無上正等正覺」境界的途中，《心經》就像輔導老師樣，幫助我們順利抵達，使我們不至迷路，也不會走上岔路。《心經》也像位朋友一樣讓我們寂寞時有人陪伴；讓我們孤單時有人照護；讓我們徬徨時有人可依靠……

「只要肯動腦去想，她想要的東西都會出現在面前。」在天堂中，只要蘇西肯動腦去想，那麼她想要的東西都會出現在她面前。但是在《心經》的世界中，則是「無受想行識，無眼耳鼻舌身意，無色聲香味觸法，無眼界乃至無意識界。」心經不斷在強調，需透過觀照及覺知來超越頭腦的框架。想超越頭腦的框架，那就是得用「心」。因此後面才會接著說：「心無罣礙，無罣礙故，無有恐怖，遠離顛倒夢想，究竟涅盤，三世諸佛，依般若波羅蜜多故，得阿耨多羅三藐三菩提。」因此想要到達成佛的境界，要——用——心！「要用心！」雖是老生常談，但我們還需要多加努力，才能真正的完全做到。

由此可見，在「無上正等正覺」境界中，是比天堂還要更奧妙更深遠的境界，**我們的「心」，是一張「心靈地圖」，讓我們在艱辛的內在之旅中，能夠按圖索驥。我們的「心」，是一把「鑰匙」，讓我們能夠打開內心的藏寶盒，在這個藏寶盒中，有隱藏許久但尚未被我們尋找到的無限潛力，還有更珍貴的是，尚未覺醒及發揮的佛性。**

〈心理學版〉

超個人心理學（Transpersonal Psychology）是心理學中的一個分支，特色在於著重在靈性方面，並打破自我及個人領域的框架的心靈研究。根據這個定義，超個人心理學的研究範圍如下：

1. **個人成長**（self-development）：個人在靈性方面的追求與成長。
2. **頂峰體驗**（peak experience）：個人在追求靈性成長的過程中，所體驗到前所未有，並夾帶著難以言喻的狂喜境界。
3. **神祕經歷**（mystical experiences）：個人在追求靈性成長的過程中，所體驗到前所未有，並夾帶著難以言喻的奧祕境界。

4. 超脫傳統自我界線的發展可能： 個人經由靈性上的追尋與成長後，自我改變的可能性與變化。

因此它的範圍跨越了個人的意識，（當然包含對個人的心理學研究），而且往更深層的領域去研究。

一、定義

依據《超個人心理學期刊》（Journal of Transpersonal Psychology）對於「超個人心理學」所下的定義如下：超個人心理學關注人性的最高潛能研究，並確認、了解及實踐意識覺醒的心理科學。它被認為是除了精神分析學（psychoanalysis）、行為主義（behaviorism）及人本主義（humanistic psychology）以外的「第四勢力」。

二、內容

超個人心理學探討著心理學與佛教、基督教、經濟學、哲學、社會學、生物學等各種學問之間的關係，它跨越了各種領域，研究人的心理與靈性。

三、與佛教的關係

超個人心理學與佛教有著密切關係，它的諸多理論，就參考了許多佛教經典，兩者雖有一些差異，但大致上對於覺醒覺悟的探討是相同的，「佛法修行法門確實讓人變成更有靈性的人。」[48] 佛教的「無我」[49] 是一種超越個人的情境；因此與超個人心理學中主張超越平常所謂有限的、歷史、文化及個人上的「我」，並且進入到一種深層經驗時，這種「深層經驗」被認為是含括整個宇宙的廣大智慧與慈悲中的某種東西——深層超個人（transpersonal）的一種表示」[50]。

《華嚴經》[51] 的「應觀法界性一切唯心照」、「心如工畫師，畫種種五陰，一切世界中，無法而不造」，又如《金剛經》的「凡所相皆是虛妄，若見諸相非相，即見如來」；真常心、**常住[52]真心之體、真如[53]等皆是一種超個人意識的宇宙——真我觀**。以超個人心理學的眼光來看佛教心理學，其價值在於從「幻我」、「假我」中超越、覺悟。然而從幻我、假我中超越、覺

---

48 石連柱《超個人心理學導論—網路訪談荷蘭心理學家，法蘭克・威塞》（金色蓮花：佛學月刊。民國八十六年十月，頁 43～47。

49 佛教用語。沒有私見的意思。謂所有的存在現象，都沒有一個恆常不變、自我主宰的實體。

50 石連柱《網路專訪超個人心理學泰斗—查理士・塔爾特博士》（金色蓮花：佛學月刊。民國八十六年十月，頁 32～42。

51 全稱為「大方廣佛華嚴經」。是由一些小部經，逐漸發展成的大部經典。漢譯本有三：一、東晉佛陀跋陀羅譯，六十卷本。二、唐實叉難陀譯，八十卷本。三、唐般若譯，四十卷本。是中國華嚴宗和法相宗據以立宗的經典之一。

52 佛教用語：（1）永存。（2）解脫的境界。（3）寺院或僧人的用具。

53 佛教上指現象的本質或真實性。也可稱為「法性」、「實相」。

悟，其所依據的就是靈性——佛性。蓋佛教認為「人人皆具有佛性，皆有成佛的可能性。」若能轉識成智，人人皆可以修成正果，與佛無異。

從《心經》的內容中，我們可以很清楚的看到：「觀自在菩薩，行深般若波羅蜜多時，照見五蘊皆空，度一切苦厄。」**這是《心經》這部經典的「宗旨」——「度一切苦厄」。也是強化讀經及學習的動能。**

接著「舍利子，色不異空，空不異色，色即是空，空即是色，受想行識亦復如是。舍利子，是諸法空相，不生不滅，不垢不淨，不增不減。」這是《心經》告訴**我們想要解除痛苦應將「舍利子」當作「起點」，因此介紹舍利子的諸多特質。**

然後「是故空中無色，無受想行識，無眼耳鼻舌身意，無色聲香味觸法，無眼界乃至無意識界，無無明，亦無無明盡，乃至無老死，亦無老死盡，無苦集滅道，無智亦無得，以無所得故」這段話是要告訴我們，我們在外界所感受到的、體驗到的，皆是「無常」，**因此要把生命的重點往內移，展開內在之旅，這樣才能看見自己、知道自己是誰，看見自己的真實面貌，藉此滋長自身的舍利子，讓它在我們不斷的追尋中，逐漸開出生命之花、智慧之果。**

又再接著「菩提薩埵，依般若波羅蜜多故，心無罣礙，無罣礙故，無有恐怖，遠離顛倒夢想，究竟涅盤。」內在之旅既已啟程的話，《心經》告訴我們明確的方向，那就是「依般若波羅蜜多故」。「依般若波羅蜜多故」能產生什麼樣的結果？那就是「心無罣礙，無罣礙故，無有恐怖，遠離顛倒夢想，究竟涅盤。」能使我們自由自在，遠離擔憂恐怖幻想，來到心靈的原鄉。並且告訴我們：用心！

最後「三世諸佛，依般若波羅蜜多故，得阿耨多羅三藐三菩提」，是《心經》告訴我們，不管過去、現在及未來，能使佛性覺醒並成佛的關鍵，還是在於用心並行深「依般若波羅蜜多故」！

《長壽滅罪經》說：「如此生死，流浪大海，唯有諸佛菩薩能到彼岸，凡夫眾生，定當淪沒。」，《普賢菩薩警眾偈》說：「是日已過，命亦隨滅，如少水魚，斯有何樂？大眾當勤精進，但念無常，如救頭燃。」《心經》已經幫我們準備好到達彼岸內在之旅的心靈地圖和鑰匙，我們還在等什麼呢？

精緻小品

〈成佛作祖〉

《人間福報》二〇一〇年四月二十六日「星雲禪話成佛作祖」中的故事說道：

有一天，鎮州節度使王紹懿常侍前去拜訪臨濟義玄禪師，他看到一群學僧們正聚集在禪堂裡。

王常侍問臨濟義玄禪師：「學僧們平常看經嗎？」

「不看經。」

「如果不看經，那麼他們學禪嗎？」

「不學禪。」

王常侍不禁疑惑地問：「他們經也不看，禪也不學，他們究竟學些什麼？」

臨濟義玄禪師很肯定地回答：「只教他們成佛[54]作祖！」

王常侍一聽就明白了，接著又試探地反問：「金屑雖貴，掉進眼裡，可讓人不舒服極了！這話又怎麼說？」

臨濟義玄禪師撫掌大笑說：「我還以為你是個俗漢呢！」

臨濟禪師直截表示禪門教學，就是為了成佛作祖，如同惠能（即六祖慧能）大師所說：

54 佛教謂修行者證得圓滿覺悟的境界。

「惟求作佛，不求餘物。」王常侍明白臨濟禪師所指，因而追問：「金屑雖貴，落眼成翳[55]」意思是「成佛作祖」雖好，但落入「成佛」的執著又如何呢？禪師認可王常侍不是個俗漢，懂得不粘著成佛作祖的境界。

禪宗祖師以「明心見性[56]」、「成佛作祖」做為禪門教學的最終目標，他們發揮禪門的大機大用[57]，有時透過機鋒[58]問答或棒喝[59]拳打，來接引學僧體悟本有的佛性；或讓學僧在搬柴運水、出坡作務中，藉事練心，**以找回自己的本來面目**。這些方便善巧，應機接引，即是「方便有多門，歸元無二路」，**無非要學僧們找到內心的自心佛性，直下承擔「我是佛」**。

成佛，的確是度一切苦厄的根本方法，想要到圓滿覺悟的境界，除了行菩薩道發菩提心，還要記得一點，那就是「放下執著」。一旦陷入執著，又產生新的苦處，那麼成佛之路遙遙無期。

---

55 翳，一種瞳孔為白膜所蒙蔽，以致無法看清東西的眼疾。

56 洞明心性的本源。

57 聖嚴法師說：「大機大用是大善知識。有些人由於慧根和福德因緣的關係，能有很深的悟境，很厚的工夫，是非常偉大的開悟者。但囿於環境的因素，或是他本身在表達技巧、技術和知識方面之不足，卻不能有大用，只能自己受用，無法與他人分享。所謂大用現前就能以福德智慧隨機應化，廣結善緣，到處法緣殊勝。」

58 佛教禪宗以含意深刻，不落跡象的言語彼此問答，互相啟發，有如弩箭觸機而發其鋒銳，稱為「機鋒」。

59 佛教用語。禪師啟發弟子開悟的方法。或用棒打，或大聲一喝，或棒喝交施，使弟子於當下開悟。

「找回自己的本來面目」說起來容易，但做起來並不簡單。不過，老天爺已經給我們一個很好的基礎，那就是「人身」，有句話說「人身難得」，那是因為這是成佛的重要基礎，所以我們要善用人身，讓他發揮大機大用，這樣才能達到圓滿覺悟的境界。也有句話說：「如果還沒找到真正的自己，請不要學佛。」其實，這句話應改為：「如果你願意學佛的話，那你很可能找到真正的自己！」因此，如果你不知道自己是誰，想認識真實的自己，那麼，「佛」就是我們的一面鏡子，讓我們看見真實的自己。

等我們「依般若波羅蜜多故，得阿耨多羅三藐三菩提」，那麼，你也許連這面鏡子也不需要了！這也就是六祖慧能所說：「菩提本無樹，明鏡亦非台。本來無一物，何處惹塵埃。」的原因。「本來無一物」這是六祖慧能自己所體驗到的覺醒境界。那是因為他的「心」已經不再有「煩惱」（貪瞋癡慢疑），這也是神秀大師所講的：「身是菩提樹，心如明鏡台，時時勤拂拭，勿使惹塵埃」中的「塵埃」。而「物」是指「塵埃」，所以不用再去「勤拂拭」。「本來無一物，何處惹塵埃。」因為心已經無智亦無得、無罣礙故、無有恐怖，並遠離顛倒夢想，故能究竟涅槃。

「我是佛」這是一句肯定句，而且是兼有過去式、現在式及未來式。意義不同的是，將按後面放的標點符號而有所不同。如果你還沒找到自己，那麼後面將會擺的是「問號？」；如果你正在找自己，那麼後面將會擺的是「刪節號……」；如果你已經找到自己，那麼後面將會擺的是「驚嘆號！」那種已經看到真實的自己，那種佛性已經覺醒，那種難以言喻的狂喜的境界，正是給學佛者最珍貴的禮物！

依般若波羅蜜多故，得阿耨多羅三藐三菩提↑故知般若波羅蜜多，是大神咒，是大明咒，是無上咒，是無等等咒↓能除一切苦，真實不虛

讓持咒就像呼吸一樣自然

1. 你對「咒語」有什麼樣的看法？是正面還是負面居多？怎麼說呢？
2. 你認為念咒語和呼吸，有哪些相同或不同的地方呢？

經典文句

〈佛家版〉

1. **故知**：遂知。
2. **般若**：能證悟空理的智慧。
3. **波羅蜜多**：從生死輪迴的苦海至解脫的彼岸。亦作「波羅蜜」。（彼岸：佛教用語。指解脫後的境界，為涅槃的異稱。）

《心經》，是佛教典籍。一卷。僅數百字，一般將之視為般若經綱要。而《般若經》泛指闡明般若思想的經典。包括大般若經、放光般若經、道行般若經、大明度經、金剛般若波羅蜜經等。是漢、藏佛教最流行的經典之一。又稱為「般若心經」、「多心經」、「心經」。

4. **咒**：以梵文發音的偈語或咒語。如：「大悲咒」、「六字大明咒」。

「偈」（ㄐㄧˋ）佛教文學的詩歌，無韻。音譯相當於梵語gāthā的原文，義譯為頌。每偈由四句構成。

「咒」分成兩種，一種是較長的「咒」，稱為「陀羅尼」（Dharani），如「大悲咒」。

「大悲咒」是佛教咒語之一。代表千手千眼觀世音菩薩之內證功德的真言[60]。載於菩提流志譯的《千手千眼觀世音菩薩姥陀羅尼身經》、金剛智譯的《千手千眼觀自在菩薩廣大圓滿無礙大悲心陀羅尼咒本》、不空譯的《金剛頂瑜伽千手千眼觀自在菩薩修行儀軌經》，及其他譯家所翻譯的密續中。但咒文各經互異。**現在通行的大悲咒**，係出自伽梵達磨譯的《千手千眼觀世音菩薩廣大圓滿無礙大悲心陀羅尼經》。此咒**是漢地佛教徒最常持唸的咒語之一**。

另外一種則是比較短的，稱為「曼怛羅」（**Mantra**），中文通常稱為「真言」，如「六字真言」，即「六字大明咒」，佛教咒語之一。唵嘛呢叭咪吽（**ōng má ní bā mī hōng**），又名「六字真言」，也是佛教裡最常見的真言（**mantra**），是觀世音菩薩願力與加持的結晶，故又稱為觀世音（四臂白觀音）的心咒，經上說：「此六字大明陀羅尼（註：六字真言），是觀自在菩薩摩訶薩微妙本心，若有知是微妙本心，即知解脫」。

從前面的「得阿耨三藐三菩提」，因此我們知道「般若波羅蜜多」，是可引領我們「得阿耨三藐三菩提」的無上智慧。有人這麼形容這無上智慧：「**般若波羅蜜多，是橋梁**，能讓我們過渡驚濤駭浪；**般若波羅蜜多，是利劍**，能斬斷一切的多餘葛藤；**般若波羅蜜多，是明燈**，能指引迷航的水手；**般若波羅蜜多，是路標**，能告知我們正確的方向；**般若波羅蜜多，是羅盤**，

60 宗教上程　有特殊力量的語詞或語句，也「咒語」。

是生死大海中不可或缺的儀器；**般若波羅蜜多，是良藥**，能醫治一切的疑難雜症。」

《心經》最後所附的「咒」，則是「般若波羅蜜多咒」。「大神咒、大明咒、無上咒、無等等咒」是用來形容這個「咒」的特質。

「大神咒」的「神」是稀奇、玄妙、不平凡的。佛家當中的各式各樣的咒語或是真言，如慈悲的觀世音菩薩教導眾生唸「六字大明咒」，地藏菩薩教導眾生唸「滅定業真言」；藥師如來教導眾生唸「藥師咒」，都具有不可思議的稀奇、玄妙、不平凡的感應。**但「般若波羅蜜多」，可說是最圓滿圓融的咒語，因此可說是最神聖的咒語。**

「大明咒」的「明」是光亮的、清晰的。因為遵循「般若波羅蜜多」，我們得以走出黑暗的心靈幽徑，進入光的彩虹，那我們的生命將充滿彩虹般的光亮。因為遵循「般若波羅蜜多」，我們能夠「無無明，亦無無明盡」，那我們的生命將如水晶般的清晰透澈。因為遵循「般若波羅蜜多」，我們能夠「心無罣礙，無罣礙故，無有恐怖，遠離顛倒夢想」，那我們的生命將如水晶般的清晰透澈。

「無上咒」的「無上」是最高的、極致的。因為「依般若波羅蜜多故」，所以能得到「阿耨多羅三藐三菩提」，也就是「無上正等正覺」是佛陀所證悟的最高境界，也就是「成佛」。

「無等等咒」的「等」有品級、次第及相齊之意。而「無」則有「超越」及「突破」之意。而「無等等」就具有「前無古人，後無來者」之意，以前沒有可以與之相等，而未來更不會有人與之相等！是最究竟的境界，也是最圓滿的咒語。

〈心理學版〉

奧修的《奧祕心理學》從西方心理學停止的地方開始。他的思想超越佛洛伊德、榮格及各種新興的心理學派，走得更前端。如果佛洛德的心理學是病理心理學，馬斯洛的心理學是健康人的心理學，那麼奧修的心理學就是開悟心理學、佛境心理學，更是充滿奧祕的心理學。

一、源起

時代改變，在這個時間之流中，有關的人事時地物，也會跟著變化。心理學中每種研究實驗的結果，可能在某種特定情境下是有效的，意即傳統的方法現在可能不再有效，但並不表示其它方法也就跟著無效。因此，根據奧修對現代情境的觀察，他發現現代人更需要一種全新的方法和心態來過生活，這就是他提倡「奧妙心理學」的原因。

二、特點

1.思考部位的改變：

奧修說了一個頗耐人尋味的故事，故事內容如下：

如果你問一個禪宗的和尚：「你用哪裡思考？」他會把手放在他的腹部。當西方人首次接觸到日本和尚時，他們沒有辦法了解：「鬼扯！你怎麼能夠透過肚子來思考？」

奧修想用這個故事想告訴我們——超越頭腦的框架。他認為：「**意識可以運用身體上的任何一個中心，最接近生命根源的中心是肚臍。而大腦是距離生命根源最遠的中心。**」因此對於有心改變自己的意識品質，甚至生命品質之人，要學習開始往內移，當生命能量開始往內移動時，肚臍會變成意識的重心。

2.思考方式的改變：

當我們與人談話思考時，習於使用有系統、有條理的方式進行表達；但奧修主張改採「混亂式」的方法而非系統性的技巧，他說：「因為混亂式的方法能有效將重心從大腦往下移動，除此之外沒有任何一種方法技巧能把重心往下移，因為系統式的技巧是屬於頭腦的運作方式。系統式的技巧只會更加強化大腦，給它更多的能量。然而透過混亂式的方法，頭腦被棄置於一旁，它變得無事可做，因為使用的方法是這麼的混亂，**所以重心很自然地從大腦往下移動來到心。**」

三、做法

1.發洩：

奧修主張「發洩」是必要的！那是因為我們的心受到大腦的壓抑，而沒有發揮的空間。大腦控制了我們大部分的意識及行為，所以它也控制了我們的心，控制了我們的生活，甚至是生命。因此我們若能用心過生活，使心變得輕盈、無重擔（如同《心經》中的「心無罣礙，無罣礙故，無有恐怖」），那麼意識的重心將會移往到更低的部位，就是肚臍，肚臍是生命力的源頭。

2.超越咒語：

奧修說：「放棄所有的咒語！」那是因為他認為：「想靠咒語進行自我催眠，僅需依靠重複一個單詞，你就能在頭腦中激起深深的厭倦，於是頭腦睡著了，使你陷入夢鄉、陷入無意識。如果你不停地唱「南姆、南姆、南姆」，頭腦就會睡著。然後語言的障礙消失了，但你卻是無意識的。……自我催眠不是靜心，相反地，自我催眠的狀態是一種墮落，它並沒有超越語言；它墮落得比語言更低。」

奧修說：「咒語並非只是某種讓人頌念的東西，它不只是重複頌念。一個咒語是某種讓你深深地陷入你本性的東西，就好像根深入泥土。根越深入泥土，樹木就長得越高。**咒語就好像一顆種子，你必須讓它深入你的存在，好讓它能夠將它的根送進你生命的泉源，而最後到達宇宙的生命**，然後它的枝葉就能夠高聳入雲。在正當時刻來臨的時候，它將會開滿千千萬萬的花朵。」

奧修在《奧祕心理學》，強調用「心」來跨越頭腦的侷限，藉此進入自己的生命泉源，更進一步來和宇宙做更緊密的連結。這正和《心經》中「無受想行識，無眼耳鼻舌身意，無色聲香味觸法，無眼界乃至無意識界，無無明，亦無無明盡」所要傳達出超越頭腦的種種意境不謀而合。

而在超越頭腦而來到心，甚至到生命的根源——肚臍的過程當中，咒語就像樹木的根與種子，將我們和內心的心靈原鄉、生命的泉源，及宇宙的核心，做更緊密的連結。因此，千萬別把咒語當做英文單字背誦一般，只知道英文單字的意義，但卻不知如何運用它；這就是一種浪費，一種可惜，更是一種遺憾！

因此人生在世，我們得好好的運用《心經》中的智慧及其咒語，它將讓我們體會到生命中難以言喻的奧祕！

靜心自得

「『咒語』一詞的意思就是暗示。」至於它想暗示什麼？**那正是運用「覺知」來轉化生命**

及意識的機會。

「覺知」能幫助我們超越咒語中的文字、字面上的意義，不會陷入自我催眠的墮落當中，當一個「觀照者」，更重要的是，發覺「間隙」。「間隙」像個深淵，它產生和平，它創造覺知。而在間隙裡面就是靜心；就是一種轉化。轉化什麼？轉化我們的意識品質，讓我們從無意識的狀態當中，用心注意、用心覺察，佛性覺醒！

「用心注意→用心覺察→佛性覺醒」這個步驟正是《心經》希望我們佛性覺醒的順序，而「咒語」的作用就在於整合了這三個步驟，這也就是《心經》中的咒語的作用所在。《心經》中的前半部，從「觀自在菩薩」到「故說般若波羅蜜多咒」，就如同「操作說明手冊」，告訴我們《心經》使用的目的、效用及方法。《心經》中的後半部，從「即說咒曰」到「菩提薩婆訶」，就如同「操作說明手冊」的重點摘要，那就是用心注意、用心覺察及佛性覺醒！以至於到成佛的境界！

「那就是會晤神聖、會晤存在。每當會晤發生的時候，不要逃避它。要跟它在一起。」是的！在我們唸咒持咒的過程當中，如果我們的心態夠覺知夠、夠清明，在我們的每個當下，在我們的一呼一吸之間，我們可以深刻的感受到那種與內在與宇宙緊密結合的神聖片刻！每個當下是如此的清澈與寧靜，那麼我們的生命品質，將會隨著水晶般的意識，得到更全然的轉化！

藝術家克倫姆（Thomas Crum）曾說：「如果你把生命裡的每一天、每一次呼吸，都看成一件雕琢中的藝術品，那將會是怎樣的一種生命型態？把自己想像成一件未完成的藝術，每一天裡的每一秒鐘，一件偉大的藝術創作隨著一次次的吐納而逐漸形成。」

同樣的道理，在每個持咒的當下，都把它看成一件雕琢中的藝術品，那將會是怎樣的一種境界？把自己的生命想像成一件未完成的藝術，那麼在每個持咒的當下，命將會是最偉大的藝術！

故知般若波羅蜜多，是大神咒，是大明咒，是無上咒，是無等等咒↑能除一切苦，真實不虛↓故說般若波羅蜜多咒，即說咒曰

當個厲害的人生玩家

1. 當你在玩撲克牌或麻將等類似遊戲時，收到一手爛牌時，你都會如何處理？
2. 「爛牌」之於「牌局」，有如「苦」之於「人生」，遇到人生中的「爛牌」時，你又會如何處理呢？

經典文句

〈佛家版〉

1. **能**：可以、能夠。
2. **除**：⑴去掉。⑵更易、更換。
3. **一切**：全部、所有。為總括之詞。
4. **苦**：⑴難以忍受的境況。⑵磨鍊。⑶愁悶。⑷難受。
5. **真實**：真確實在而不虛假。
6. **不虛**：⑴不假。⑵不白白浪費。如：「不虛此行」。

「能除一切苦，真實不虛」。關於「苦」的問題，我在第九、十、十一篇講「度一切苦厄」、第二十五講「無苦集滅道」，都對「苦」字做了詳細的說明，以及多元的引申。而前面的「故知般若波羅蜜多，是大神咒，是大明咒，是無上咒，是無等等咒。」的「咒」就是一種「真言[61]」，所以「般若波羅蜜多」就是「真實不虛」的。

既然「般若波羅蜜多」就是「真實不虛」的，那為何「能除一切苦」？讀者讀到這裡也許

61 宗教上稱俱有特殊力量的語詞或語句，也稱為「咒語」。

有這樣的疑惑。就文法來看，「能除一切苦，真實不虛」是「倒裝句」。「真實不虛」是「因」，而「能除一切苦」是「果」。就是因為「般若波羅蜜多[62]」充滿真善美的力量，才能解除一切苦。

對於因果來說，一般人怕「果」且重視「結果」，而較忽視「因」；但是有志於修行菩薩道的人，反而害怕的是「因」，正如俗話說：「種瓜得瓜，種豆得豆。」，因此「因」比「果」更加的重要，也得更加的謹慎。所以從這句話的倒裝及因果關係來看，言下之意，似乎也在提醒我們，在修行的這條路上，甚至在生活細節當中，要「畏因」！這樣不只「能除一切苦」，也才能達到所謂的「遠離顛倒夢想，究竟涅盤。」

「能除一切苦，真實不虛」，這句話不但「般若波羅蜜多」是「真實」的之外，「不虛」這個詞語也提醒我們——不要白白浪費了這上天所給予我們珍貴的禮物！因此後面才會緊接著「故說般若波羅蜜多咒」，因為「心動的話，不如馬上行動」而除了「行動」之外，還要去「行深般若波羅蜜多」，這「行深」代表我們要全然的用心投入並發揮勇氣去實踐。這樣才有機會體會到「般若波羅蜜多」所要傳達的智慧，

62 文法結構不依照通常的次序，形成文法成分先後顛倒的句型。如論語子罕篇「吾誰欺」為「吾欺誰」的倒裝。亦稱為「倒句」。

〈心理學版〉

面對人生的種種苦處，每個人解決痛苦的方法不一樣。有的人尋求感官上的刺激及享受；有的人用情緒上的發洩來解除痛苦；有的人則會尋求宗教的慰藉。因此，在心理學當中，就有所謂的「宗教心理學」。來探討宗教與人類的關係。

一、定義

《宗教學通論新編》一書的作者呂大吉先生說：「哲學要追求宇宙的真理，宗教則說最高的真理是上帝的存在；科學要破解自然的奧妙，宗教則說神靈是自然的主宰；道德要尋求崇高的善，宗教則說最高的善是對神的信與愛；藝術要創造驚心動魄的美，宗教則說終極的美來自對上帝的直觀[63]。」

基督教徒稱所信仰、崇拜的神為上帝。但對宗教來說，「上帝」是一個代名詞，就如同諸神諸佛，對於他們存在的真實性，也是科學及宗教學所一直探討的主題。也許可以把祂當作不知名的造物者，或者是控制宇宙運行的那一雙「看不到的眼睛」。但不管是誰，祂所象徵的是一種超乎人世間，且具有至真、至善及至美的力量。

因此就心理學的觀點來看，「宗教心理學」的定義如下：宗教心理學是一門宗教學與心理

63 不經過理智推理過程，而由感覺或精神直接體驗的一種認識作用。

學互為交錯的科際學科（沈碩彬，95）。而宗教心理學（Psychology of Religion）創立於十九世紀末期，始創人為威廉•詹姆斯（William James），他在其著作《宗教經驗的種種》中討論了宗教經驗問題。

二、內容

宗教心理學的內容包括宗教思想、宗教意識的內容和結構，宗教情感的特點以及宗教在個人和社會精神生活中的心理功能，特定社會條件下的各種不同教派的信徒參與宗教活動和宗教生活所感受的宗教經驗和宗教感情，以及信徒的融彙宗教體驗、宗教感情和宗教意志的宗教信仰心理狀態等方面。

以心理學角度研究宗教起源、功能、意識的本質、意識的起因、意識的發展、宗教經驗的心理反應、宗教象徵的心理作用等。因此它還涉及到觀察心理學、實驗心理學、精神分析和深層心理學等。它是介於心理學、宗教學和社會學之間的一門學科。

三、關於宗教意識的研究

宗教心理學研究宗教意識時有兩種情況：

1.特定教派的研究：

這種是由專職神職人員及教會宗教團體所頒佈的宗教思想體系。它是一種與宗教神學有密切關係，但又不同於一般宗教神學的具體宗教心理學。舉例來說，宗教神學中的佛教心理學或基督教心理學等。這些心理學是以心理為基本原則，來闡述基督教或佛教的教理及教義等。這一派系的代表人物有美國的博依森、日本的鈴木大拙等。

2.信仰心理的研究：

另一種是廣大信眾具有的宗教信仰心理。它是針對一般信徒的宗教意識和宗教心理，來作深層且具科學性的實驗研究。他們所研究的內容有：信徒團體或個人在宗教活動時，內心的心理現象和外在的行為等獨特現象，以及各種社會性和非社會性因素對這些現象的制約性，還有這些因素間的互相影響的關係。

宗教所關心的眾多認知問題，像是各種苦難、生與死及輪迴等，大都是每個人在生命旅程中所面臨的問題。這些在宗教心理學及現代的心理學中有諸多討論。

從以上關於宗教心理學的種種論述，我們可以很清楚的知道，宗教，不管是哪種教派，它都可以為人生的痛苦，給予多元化的治療方法，但是方法只能發揮「治標」的效果，精神分析論大師佛洛伊德研究人類心理多年，他認為人終其一生都脫離不了痛苦。因此，對於人類的痛苦，心理學也只能發揮在傷口上縫縫補補的作用。

但是，想要「能除一切苦」，並且獲致「治本」的效果，那得還是藉由宗教，尤其是「真實不虛」的「般若波羅蜜多」。而且從「得阿耨多羅三藐三菩提」的「三世諸佛」中，我們可以感受到宗教所散發的真善美的力量。那才是脫離苦海真正有效的智慧。

苦──流淚播種的，必歡呼收割

苦，是人生最主要的臉譜。

這也說明了我在車廂常常觀察眾人的臉譜，大都是「苦」。即使閉目養神，也隱約可以感受到苦從眉宇間流露出來；即使有人在聽著音樂，頭隨著旋律在搖擺，那種自我陶醉的表情，彷彿在麻醉痛苦般；有人在當「低頭族」，低頭玩著手掌中的遊戲，或者在智慧型手機上手指撥來撥去，但再怎麼撥，也撥不走人生的苦！

既然逃離不了撥不走「苦」，就正視面對它吧！「苦」不全然都是負面的，善用「苦」並轉化它，人生將大不相同。「苦」就像我們玩撲克牌遊戲或麻將時，所發到的爛牌，真正厲害的玩家，即使一手爛牌，依然會打出漂亮的結果。不會玩牌的人，即使好牌在他手中，也可能會白白浪費……

同樣的道理，「苦」在大部分人的眼中，是張唯恐不及的爛牌，可是人生的遊戲規則，就是每個人都會有這張爛牌。就算我們不滿意這張爛牌，又能如何呢？有看過牌發出去之後，還能歸還換發的嗎？好吧！就算我們很「賭爛」，翻桌翻臉不認人，企圖終止這樣的牌局，但是只要有上牌桌的一天，爛牌仍會如影隨形，搞不好連本帶利一起還給我們！就如同企圖以自殺解決生命痛苦的人，躲得了一世，躲不了未來的好幾世，而且問題還可能會隨著時間越來越龐大，越來越複雜。

這張名為苦的爛牌，你我皆有之。老天是莊家，我們是玩家。這是改變不了的角色扮演。而且爛牌每個玩家都可能會有，這是既定的遊戲規則。以上是改變不了的部分。當然，有無法改變的地方，就會有可以可以改變的地方，端看各位玩家如何運用轉化。還好，**老天爺發給玩家們一本「遊戲說明書」，那就是《心經》，告訴我們人生這場遊戲究竟是如何進行、該注意哪些地方，同時還加贈一本「遊戲秘笈」，告訴我們如何在這場人生遊戲中如魚得水，這就是《心經》中的「般若波羅蜜多咒」**。

俗話說：「師父領進門，修行在個人。」《心經》只管指點門路，真正學到本領，還是要靠自己的努力；而最重要的訣竅，還是要靠我們自己去親身體驗。願你我都能在各式各樣的牌局當中，如魚得水，自由自在！

能除一切苦，真實不虛↑故說般若波羅蜜多咒，即說咒曰↓揭諦揭諦

用咒語來與內在及宇宙做連結

1. 在家喻戶曉的電影《哈利波特》中也有許多咒語，你對咒語有什麼樣的看法及感受呢？
2. 如果咒語是很靈驗的東西，你會用什麼樣的態度來面對呢？

經典文句

〈佛家版〉

1. **故**：因此、所以。

2. **說**：訴說、告訴。

3. **般若**：能證悟空理的智慧。

4. **波羅蜜多**：從生死輪迴的苦海至解脫的彼岸。

5. **般若波羅蜜多**：即《心經》，佛教的重要典籍。一卷僅數百字，一般將之視為般若經綱要，是漢、藏佛教最流行的經典之一，又稱為「般若心經」、「多心經」。

6. **即**：⑴立刻。如：「立即出發」。⑵就是。

7. **咒**：以梵文發音的偈語或咒語。

「故說般若波羅蜜多咒」這部分在第四、五篇《般若波羅蜜多時》篇、第二十九、三十五、三十六篇〈依般若波羅蜜多故〉、第二十六篇〈故知般若波羅蜜多〉，皆有詳細的解說，讀者可自行視自己的需要，再做詳細的閱讀。總而言之，「般若波羅蜜多」象徵著具有真善美的能量與智慧，是滋潤自己的生命能量，照亮人生茫茫苦海的燈塔。只有跟著它所散發出來的光，才能找回自己的心靈原鄉，並且回歸自性[64]。

而「即說咒曰」的「即」有多種意涵，茲說明如下：第一種意涵，有「立刻」的意思，知道「般若波羅蜜多咒」的奧妙之處，那麼便要有所行動，才能親身體驗。第二種意涵，有「就是」的意思，什麼是解決人生一切苦處的藥方，甚至是妙方，那「就是」「般若波羅蜜多咒」。

《心經》一路反覆迴旋下來，接著就要到「般若波羅蜜多咒」了！我有時看到真的很勤唸咒持咒的信徒們，在車上，有人拿串佛珠唸啊唸，或者在看佛經；看似很虔誠，可是到底心裡有無體會，就不得而知了！

還有人在家裡，在祖先牌位旁擺唸佛機，早晚二十四小時播放著，但好像是放給祖先們聽，其他人忙著做自己的事。逝者是否聽進去，我們不得而知！但是活著的人，寧願放給死人聽，自己卻不願親身學習佛法，那麼有放跟沒放也沒有什麼差別了！《心海羅盤》的葉教授說：「咒語這種事物，非是口頌，要心來受持。」是的！要用心來受持，得用「心」領「受」並「持」之以恆，這也就是《心經》之中，「心無罣礙，無罣礙故，無有恐怖，遠離顛倒夢想，究竟涅盤」裡所提到「心」的用意，因為「心」是一切的根本，一切的源頭。

64 佛教用語：（1）謂事物的本體、本質。維摩詰所說經．卷上：「知諸法如幻相，無自性、無他性，本自不然，今則無滅。」（2）謂事物的存在狀態。成唯識論．卷八：「初能遍計自性云何？有義：八識及諸心所有漏攝者皆能遍計，虛妄分別為自性故；皆似所取、能取現故；說阿賴耶以遍計所執自性妄執種為所緣故。」

即使能把咒語唸到「倒背如流」，但那頂多是在用「腦」而非用「心」。奧修說：「咒語並非只是某種讓人頌念的東西，它不是重複頌念。**一個咒語是某種讓你深深地陷入你本性的東西，就好像根深入泥土。**根越深入泥土，樹木就長得越高。咒語就好像一顆種子，你必須讓它深入你的存在，好讓它能夠將它的根送進你生命的泉源，最後到達宇宙的生命，然後它的枝葉就能夠高聳入雲，在正當時刻來臨的時候，它將會開滿千千萬萬的花朵。」這才是持咒的終極目標！

《開經偈》：「無上甚深微妙法，百千萬劫難遭遇，我今見聞得受持，願解如來真實義。」「無上甚深微妙法」中的「無上」，是指最高的、極致的，就是圓滿無缺的意思。「微妙」，用意幽深而超乎尋常。上天賦予我們的身心靈，那是一種不可思議的創作，因此每個人都可以說是獨一無二的作品，所以「人身難得」。

「百千萬劫難遭遇」的「百千萬劫」的「劫」，梵語音譯「劫波」（kalpa）的略稱，是指一個極為長久的時間單位。佛教以世界經歷若干萬年即毀滅一次再重新開始為「一劫」。事物的變化，就以存在的人及事物而言，這人事物，即剎那的不停變化，所以才會說「百千萬劫」；然而我們從來就從未見過它（即存在）的真實面貌，才會說百千萬劫難遭遇。因此「人身難得，佛法難聞，中土難生」。

「我今見聞得受持」的「見聞」指眼睛所看見、耳朵所聽到的事物。這句話是說由親身體驗經典或聽善知識所得到的啟示，去體悟諸法的義理，藉此覺醒自身的佛性。所以我們應慶幸自己能親身體驗佛法，且發揮「行深般若波羅蜜多」的精神接受佛法，並堅定的修行。

「願解如來真實義」的「解」是曉悟、明白、清楚。「如來」是佛的另外一種稱號。意謂像過去諸佛那樣的來，那樣的去。「真實義」指諸法的法性[65]與法相[66]真實的義理。整句話是說：別忘了佛性就存在你我心中，那是「真實不虛」的。因此誠如佛陀說：「人人皆可成佛，成為覺悟者。」

總而言之，這首《開經偈》以極為精簡扼要的方式告訴我們，閱讀《心經》或其他佛家經書該有的正確心態，並且告訴我們學佛的終極目標就是「覺醒」，而《心經》正是我們這趟覺醒之旅的指南，能幫助我們順利到達彼岸。

65 佛教上指一切現象的本質或真實性。

66 （1）宇宙間的一切現象。大寶積經·卷二十三：「一切法相、法相之性，不可以性為觀察。」（2）僧道稱天尊的莊嚴寶相。

〈心理學版〉

佛法修煉需要咒語[67]、手印[68]、壇城，壇城是一種圓形圖案，跟人類心理有極大關係。佛洛伊德之後的心理學大師是榮格，榮格研究西藏密宗[69]，**讓病人藉由畫壇城來治病**。

一、道教[70]

道教在做法事時，通常都會在供桌上擺設許多東西，這也是一種壇城，因此壇城是修法所用的。舉例來說，金庸的武俠小說《射雕英雄傳》中有一段情節是梅超風修煉九陰白骨爪，因此必需要用頭骨擺成三角形的幾何形狀，這也是一種壇城。

67 宗教上稱具有特殊力量的語詞或語句。

68 一種西藏佛教噶舉派的修行法。有顯教、密教兩種。顯教主由定起觀，證得空智解脫的的境界。密教以唯一白法，成就空、樂二智，最後達到即身成佛，是無上瑜伽的最高法門。

69 一種佛教宗派。一般認為密宗是七世紀以後婆羅門教溶入大乘佛教的產物。強調三密加持，即手結印契、口誦真言、觀想本尊。將對佛、菩薩的信仰結合了空義與止觀的修行方法。流行於中國唐代及西藏、臺灣、日本等地。或稱為「祕密教」、「密教」、「金剛乘」、「真言宗」。

70 崇奉元始天尊及太上老君為教祖的宗教。相傳創於東漢張陵，陵著有道書二十篇，自號天師，故亦稱為「天師道」。以符咒為人治病，講煉丹長生之術，入教者須繳納五斗米，時人稱為「五斗米道」。始盛行於蜀郡，後經弟子廣布，信徒漸增，遂正式成為道教，流傳於全國。

二、禪宗

在禪宗[71]裡也有咒語、手印，壇城是佛法的基本形式。禪宗的咒語是：「摩訶[72]般若般羅蜜」，舉例來說，在電影《倩女幽魂》裡，道士燕赤霞在降妖魔伏時常念的咒語。禪宗的手印是單手直立食指；禪宗的壇城是三個圓點，一個在上，兩個在下，或者將三個圓點連成線，畫成一個等邊三角形。

三、超覺靜坐

在剛開始學習超覺靜坐時，弟子會從老師那得到咒語（**mantra**），那裡的咒語都是從印度的經典裡挑選出來的，而且都是印度神名的縮寫。咒語通常只有一句，而且是個只有一或二個音節的字，並且是祕密且專屬個人的。超覺靜坐（TM）認為：「咒語是沒有任何意義的，它只是一個沒有內容的發音字。」咒語的作用，是提供靜坐者重複默誦，藉此使自己的意識能夠更集中、更投入。

71 中國佛教宗派。特重禪觀，不重教理，自稱教外別傳。以菩提達摩為初祖，下傳慧可、僧璨、道信、弘忍，弘忍之後分成南宗慧能，北宗神秀二派。北宗強調漸修，南宗主頓悟。弘忍圓寂後，北宗神秀大闡宗風於長安、洛陽。中唐以後，南宗成為禪宗的正統，並形成曹洞、雲門、法眼、溈（ㄍㄨㄟ）仰、臨濟五家。但宋朝以後則僅存曹洞、臨濟二脈。又稱為「佛心宗」。

72 音為ㄇㄛˊ ㄏㄜ，有大、廣大之意。為梵語 Mahā 的音譯。

以上的內容，分別從各種不同、更來說明咒語的使用情形。其實不管是什麼樣的門派，各種咒語都「殊途同歸」，採取的方法雖有不同，所得的結果卻相去不遠。結果究竟是什麼呢？那就是「用心」，不管咒語的內容是什麼意義，不管表達的方式又是如何，藉由咒語，將自身的意識與能量往心裡灌輸，就如同走在內在之旅（也就是覺醒之旅）的過程中，給我們繼續前進的動能，這樣自身的能量才能源源不絕，也才能讓我們自身的舍利子開出生命之花、智慧之果。

靜心自得

就學習者來說，在學習咒語時，有些方法能幫助我們更容易親身領略咒語的意涵及功效，茲說明如下：

一、了解並分析

清楚明白咒語的意義，才能正確的斷句與發音。並且對咒語的意義加以分解辨析，這樣有助於學習與記憶，了解之後才方便記憶，同時也有助於親身體驗持誦咒文的功效。

二、由淺入深

在學習任何事物時，從淺顯到深奧，循序漸進，才有可能獲致最明顯的學習效果。因此，我們可以先從較為簡短的咒語開始，而《心經》是所有佛經中，內容最簡短，但也是翻譯次數最多、被轉譯為最多語言的佛教經典，因此可以說是流傳最廣的佛教經典之一，經由《心經》著手，再逐漸慢慢學習比較困難且複雜的咒語。

三、無所畏懼

學習任何事物，得抱持著「不入虎山，焉得虎子」的精神，勇往前進，沒有什麼好害怕的，也沒什麼好畏懼的。就如同《心經》中所說的：「心無罣礙，無罣礙故，無有恐怖。」抱持著自在從容的態度，發揮行深的精神，全然投入咒語的奧妙境界。

最後，還是回到最根本的所在，那就是「心」。「心」是我們的思想、意念及感情的來源，不用心，就算頌唸到最後聲音沙啞、扯破喉嚨，也是枉然……。保持正確的心態，用適當的方法，那麼咒語將會引領我們找到自性，回到心靈的原鄉。

故說般若波羅蜜多咒，即說咒曰↑揭諦揭諦↓波羅揭諦

覺醒之旅的行前準備

1. 在旅遊前，你通常都會做哪些「行前準備」？
2. 在開啟自我的覺醒之旅中，你知道要做哪些「行前準備」嗎？

經典文句

〈佛家版〉

在進入《心經》的咒語之前，先說明此咒語的基本資料，內容如下：

《心經》咒語的梵、漢全文如下：

簡易羅馬拼音：**gate gate paragate parasamgate bodi svaha**

傳統漢字音譯：揭諦 揭諦 波羅揭諦 波羅僧揭諦 菩提 娑婆訶

簡易漢字音譯：軋貼 軋貼 趴拉軋貼 趴拉三木軋貼 陂地 刷哈

咒語釋義：

1. **gate**（揭諦）來自 **gata**，漢文為行、往、到；英文是 **gone**、**departed** 等意。**te** 的羅馬音近「貼」，或 **telephone** 的 **te**，別念成 **tee**。
2. **para-gate**（波羅揭諦）來自 **para-gata**，**gata** 說明同前。**para** 漢文有超越、究竟、到彼岸等意；英文為 **bringing across**、**the further shore or boundary**。
3. **para-samgate**（波羅僧揭諦）由 **para-sam-gate** 組成，**para** 與 **gate** 同前。**sam** 漢文為同、類、共同等意；英文是 **with**、**together**、**altogether** 等意。傳統漢譯的「僧」，對應的梵文為

sam，因為國語不像台灣話與廣東話，沒有以「m」作結尾音的字，所以沒有恰當的字來翻譯這個音，還好現在大家都能使用羅馬拼音，因此直接念成英文的 sam 就好。新的簡易漢文音譯，則改用傳統的二合方式，以「三木」下加一條線，表示此字念成「sam」。

4. bohi（菩提）漢文音譯為菩提，意譯為覺；英文為 perfect knowledge or wisdom、enlightenment、understanding 之意。

5. svaha（娑婆訶）是一種祝福語，常用做咒語的結尾，漢文有究竟、成就之意；英文為 Hail ! May a blessing rest on! 之意。（以上資料參考《咒語漫談》，林光明教授著，嘉豐出版）

揭諦，來自 gata，有「行」、「往」、「到」的意思。

「揭諦」在《心經》中的意思則有「前往」、「到達」以及「已完成」的意思，因此「揭諦！揭諦！」可將它說成「去啊！去啊！」。

總而言之，「揭諦！揭諦！」就好像我們要在旅行前，要準備好相關事宜。旅行中的「行程規劃」，就如同我們個人的人生課題，如寬恕、忍辱及慈悲等。旅行之中的「行李」，就是我們本身已有的舍利子；旅行之中的「導遊」，則是《心經》，帶領我們順利的到達彼岸！

〈心理學版〉

「靜坐」是指靜心安坐的意思。靜坐可說是中國的冥想（深思）法，最早源起於佛教的禪坐與道家的坐忘[73]，到了宋明時，則被宋明理學家[74]所吸收，創造出儒家自我修養的方式。廣義的靜坐，包含了佛教、道教與儒教[75]的冥想法；狹義的靜坐，則專指儒家[76]。

1. 定義：

而現代心理學中所探討的「靜坐」，則是指「meditation」，源自於拉丁文meditari，意指「沉思之方法」，因此有的稱之為「冥思（想）」。根據張春興所著的《現代心理學》，則採用「靜坐」之意，**用意在於表明「靜坐」是一種改變意識狀態的方法**；而「冥思（想）」，只是在靜坐時，達到某種意識境界的方法之一。因此這種「靜坐」，不是前面所提到的廣義與狹義的「靜坐」，而是源於印度佛教，而後再傳到中國與日本的禪宗與瑜珈[77]兩派的靜坐。

---

73 語出莊子．大宗師：「墮肢體，黜聰明，離形去知，同於大通，此謂坐忘。」指靜坐時，物我兩忘，與道冥合。

74 性理之學。宋儒釋經，以傳道自命，重疏義理，兼談性命，為與禪學、道教相結合所產生的學派。理學衰弱於元朝，而復興於明朝。王守仁承繼陸九淵的學說，並且加以發揚光大，但其後只知言心言性，而疏於力行，因此流於空談。也稱為「道學」、「性理學」、「宋學」。

75 （1）以儒家的學說教人。（2）儒家，或儒家的學說教義。

76 先秦時期的一個思想派別，以孔子為宗師，主張禮治，強調倫常關係。後亦指崇尚孔孟之說或性理之學的學者。

77 瑜伽（yoga），源自於古印度文化，是古印度六大哲學派別中的一系，探尋「梵我一如」的道理與方法。而現代人所稱的瑜伽則

2.分類：

- 開放式靜坐（open-up meditation）：靜坐時沒有任何期待和目的，單純的用自己的心靈，去體驗任何的新（心）經驗。而詳細做法是，靜坐時不將任何人事物帶入情境中，藉此完全放鬆心情和身體，隨遇而安，自由自在。
- 專注式靜坐（concentrative meditation）：靜坐時將意識活動專注於在眼前的事物，藉此排除外在環境的影響，以求能達到放下自我消除煩惱的超然境界。而詳細做法則是，運用一種簡單的事物來幫助自己到達全然且專注的境界，例如一面牆、一個物體、一首音樂等。但並非去思考自己感官所體驗到的感覺，而是藉由眼前的物體來達成專注的境界。

3.身心效應：

「靜坐」是改變意識狀態的方法之一，對個人的身心可能會造成下列效應，茲說明如下：

- 生理效應：關於靜坐是否能達到使身體健康的目的，可從下面的數據，得到清楚的結論。常人一般的平均耗氧量為250ccm，入睡時減少八%，但在靜坐時，最大可減少二十%耗氧量，因此血壓和心跳速率也都會隨著靜坐的進行而變得緩慢。由此可知，

是有系統的修身養心方法，包括調身的體位法、調息的呼吸法、調心的冥想法等，以達至身心的合一。

靜坐有助於促進健康。

- 心理效應：而關於靜坐是否能達到使心理健康的目的，並無直接證明，因此不予談論。因為成效將因人而異。

這裡介紹「靜坐」的相關資料，目的是希望讀者們能藉由「靜坐」的方式和《心經》的咒語做個更深入、更緊密的連結。**尤其是運用「專注式靜坐」，將意識專注於《心經》的咒語上，藉由這種方式，更能引導自己全然的進入咒語的世界**，並藉由咒語的能量，更有效的排除外在環境的影響及內心紛紛擾擾的思緒，這樣才有可能達到「心無罣礙，無罣礙故，無有恐怖，遠離顛倒夢想，究竟涅盤。」，以至於「能除一切苦」的悠然境界。

靜心自得

當我們藉由《心經》引導的路徑，以「靜坐」的方式，逐步走進自己的內心世界時，不要忘了還要與外界保持一定的連結。**因為「內在」和「外在」正如同鳥兒的一雙翅膀，只有一支翅膀的鳥無法飛翔，更遑論想飛得更高更遠……**

同樣的道理，就像是身體與心靈的關係，它們就像是我們的翅膀，缺一而不可。甚至還要保持兩端的平衡，太過往內走，可能會發生如蔣勳先生提到有個閉關苦行的朋友變成看來像乾枯沒有生命力的人，一旦沒有了生命力，我們的靈魂該從何處得到滋養、得到能量呢？

有句話是這麼形容大部分男人對太太的期望，那就是——「出得了廳堂，進得了廚房。」同樣的，我們的意識，也能出得了外（內）在世界，進得了內（外）在世界，那才是一種活出生命的藝術，一種保持身心平衡的智慧。沉浸在外在世界太久，可藉由咒語來進行靜坐，好讓它引導我們回到內心世界來。待在內心世界太久，也可藉由這樣的靜坐，重新（心）更新滋潤自己的身心靈，這時才有足夠的能量與智慧面對及體驗外在的風風雨雨。

「揭諦！揭諦！」有「前往」、「到達」及「已完成」等意涵。翻頁開始閱讀《心經》，就如同「揭」開我們的內在之旅（也就是覺醒之旅），並且仔細「諦」聽《心經》中所傳達的義理，那麼就有可能到達彼岸，以完成這趟覺醒之旅。「終點」並不代表結束，而又將是生命進化的新「起點」。生命，就是這樣生生不息的循環下去……

總結來說，《心經》就像幫助我們保持內外在平衡的一種機制，讓我們在生命中的每個情境，能運用「內在」和「外在」這兩種截然不同的「作業系統」，來運作進行，這不只是身體的美學，更是一種生命的美學。

揭諦揭諦↑**波羅揭諦**↓波羅僧揭諦

跨越咒語到達彼岸

1. 回想自己學習的過程中，當你在背書時，是越刻意去背越容易背起來？還是在潛移默化之中比較容易背起來呢？
2. 你有想過背書的真正意涵是什麼嗎？是了解字面上的意義，還是幫助我們更能吸收文字所要傳達的道理？

經典文句

〈佛家版〉

1. **波羅**：來自para，說明同前。para有「超越」、「究竟」、「到彼岸」等意。
2. **揭諦**：來自gata，有「行」、「往」、「到」的意思。

「波羅揭諦」，梵文為**paragate**。「波羅」解作到彼岸，而「波羅揭諦」，就是到彼岸去。

走在覺醒之旅中，個人所體驗到的點點滴滴，**那些是真正屬於自己的東西，別人是搶不了、偷不走的**。因此，想要到達目的地，想到達這樣的境界，最最重要的，還是自己。有句話說：「千里之行，始於足下。」千里遠的路程，也是從邁開腳下的第一步開始。因此任何事情的成功，都是由小而大逐漸累積而成。換句話說，即使彼岸就在我們面前，如果自己不願意跨出第一步，永遠也無法到達！

「彼岸」看似遙不可及，但是別忘了《心經》中所說：「是故空中無色，無受想行識，無眼耳鼻舌身意，無色聲香味觸法，無眼界乃至無意識界。」一旦我們執著於某種想法及感受，那就代表我們又執著於表象了，一旦執著，我們彷佛就在覺醒之旅中卡住、迷失方向，甚至走錯路或倒退走，那麼想到達彼岸，究竟涅槃，可就遙遙無期了！

因此，決定這趟覺醒之旅，不論是時間、地點和中間所發生的點點滴滴……，以及到最後的結果，一切操之在我，以及自己的決「心」。

〈心理學版〉

在二〇〇三年八月份的《美國時代週刊》（TIME）上，第一次出現了靜坐冥想的封面，再加上「The Science of Meditation」標題，內頁中健康專欄（Health）以極為醒目的篇幅報導美國當時的靜坐冥想 Just Say Om 的風行狀況。除此之外，如《華爾街日報》等的後續報導，討論的重點在於為靜坐冥想找到科學根據、健康論點。

1. 定義：

所謂的冥想，就是暫時停止知性和理性的大腦皮質作用，而使自律神經展現出活潑的狀態。簡單的說，就是停止意識受到外界的影響，藉此達到「忘我之境」的一種心靈自律行為。冥想，原來是宗教活動中的一種修行方式，如禪修、瑜珈等，但是隨著時代的改變，它已被許多身心靈課程所使用。以研究超導體而獲得諾貝爾物理學獎的英國人約瑟夫森（Brian D. Josephson）是經由冥想接收心靈訊息的人，他曾經說過：「以冥想開啟直覺，可獲得發明的啟示。」

2.種類：

目前全世界關於冥想的方法約有四百種以上，因此以下僅列出比較常見的靜坐冥想種類，那就是「數息法」，茲說明如下：

所謂的「數息法」中的「息」，就是人一呼一吸，由「肚臍」至「鼻子」，「入息」（吸氣）時數一，「出息」（呼氣）時數二，「入息」（吸氣）時再數三，一直重複數到十。也可以數「入息」（吸氣）不數「出息」（呼氣），或者只數「出息」（呼氣）不數「入息」（吸氣），不論是由十數到一，計數的方式可依照自己喜好及習慣而定。練習久了，自然就熟能生巧。

如果剛開始做的時候，不習慣用「數」的，因為自己一「數」，心情及思緒反而容易跟著緊張起來，呼吸也就喘了起來，那麼可能適合用「數」息法，這時可改用「隨」息的方式跟隨著自己的呼氣和吸氣。這時心裡可以明顯感受到：「知息出、知息入，知息長、知息短。」察覺自己呼吸的出入、長短，那麼自己的「心」，就會跟著從容自在許多，慢慢就能從內心深處湧出一股寧靜和喜悅。

3.身心效應：

- 生理效應：科學已經證實冥想可有效降低血壓，緩和心跳；可強化免疫能力，使人不易得感冒；降低罹患癌症或心臟病的機率，使神經運作更加協調，讓我們的思考更效率；可促進 **DHEA** 荷爾蒙分泌，以達到延緩衰老的效果。更重要的是，冥想完全無副作用。

- 心理效應：可使左腦暫時平靜下來，使得右腦的聲音能呈現出來，這時腦波會轉化為 α 波，使我們的想像力、創造力、直覺與靈感源源不絕，對於事物的判斷力、理解力都會大為強化，這時身心的運作將更加和諧，展現出平和、愉悅及寧靜的心理感受。

從以上的說明我們可以很清楚的了解冥想的效果，但千萬不要把它想成是什麼超能力，能為每個人帶來心想事成的神奇力量。它只是我們內心本身就具有的能力，只要願意去親身體驗，就能體會到冥想不可思議的力量。同樣的道理，如果我們不願意起身前往彼岸，又如何能到達彼岸呢？

靜坐和冥思，都是我們能藉以親身體驗咒語強大能量的方式。而結合咒語和冥想，將成為一場貫穿心靈、智能的內在（覺醒）之旅。我寫到這裡，也許仍有讀者感到疑惑，到底什麼是內在之旅？我到底走到什麼樣的境界，才稱得上是內在之旅？我摘錄奧修（Osho）曾經講過的一段話，與大家分享：

「**當慾望不再遮蔽你的頭腦時，你就是在內在。**這個就被稱為『轉入內在』，但它根本就不是一個『轉』，它只是不向外走，**發展出能夠跟頭腦保持適當距離的訣竅是最大的祝福之一，所有的靜心其實就是關於這個——不是重複頌念咒語，而只是觀照，就好像頭腦屬於別人一樣。**現在你已經準備好要保持這個距離，觀看著表演，而不身陷於那場戲劇裡。當你想要，隨時可以放任自己進入『轉入內在』單純自由的狀態。」[78]

注意！「不是重複頌念咒語」，而是在誦咒及冥想的過程中，仍然保持著觀照，如此才能更覺知自己當下的身心感受。也就是不要執著於咒語的表象，那麼就可以很輕易的進入並察覺自己的內在，那種「心無罣礙，無罣礙故，無有恐怖，遠離顛倒夢想，究竟涅盤」的境界了！

精緻小品

「只有不投射任何欲求，才能聽得出聲音裡的意義。」這句話，正呼應了前面奧修所講

78 「靜心」不起欲望．沒有分別及得失心。舉例來說：看天空的時候，就只是看，不要去想雲要飄到哪裡去，會變成什麼樣的形狀等等。至於方法則是自己可找任何一種行為（如隨音樂任意搖晃等）來做，並且專注在自己的動作，那麼自己的心也會安靜的待在那裡，就這麼簡單！

的：「當慾望不再遮蔽你的頭腦時，你就是在內在。」持咒的真正意義，不在於我們把咒語背得滾瓜爛熟，而是藉此讓那些紛紛擾擾的念頭、起伏不定的慾望，不再遮蔽我們的頭腦、占據我們的心靈，我們才聽得到自己真正的心聲，能夠聽到自己內心的聲音，那代表著活出自己的生命，並使得生命品質更加具有深度，那麼當下，我們即是內在！

「語言往往會造成困惑，它只是一種表面的溝通工具。若想進入超越語言的神交，你的聽覺就必須維持在被動的警醒狀態。」簡單來說，就是運用「觀照」，才能使自己保持「覺知」，如此才能突破並超越咒語本身的表象，而它是用來幫助並引導我們進入內在神聖殿堂的橋梁，並且跨越語言，與自己和宇宙神交，那是一種不用言語說明，但能明瞭彼此所要傳達訊息的狀態。

因此，對於咒語，我們要「全心全意地聆聽」，整顆心、整個意念全然的投入當下，那麼自能輕易的跨越橋梁，順利的到達彼岸！

波羅揭諦↑波羅僧揭諦↓菩提薩婆訶

創造自利利他的完美結合

1. 當你在做什麼事情時會感到大家一起做的感受，遠比一個人做還要好？
2. 你覺得大家一起行動或合作時，能否達到除了自利之外，也能達到利他的效果？

經典文句

〈佛家版〉

波羅僧揭諦：來自parasamgate。「para」有「超越」、「究竟」、「到彼岸」等之意；「sam」有「同」、「類」、「共同」等的意思。「gata」，有「行」、「往」、「到」的意思。

總而言之，「波羅僧揭諦」（para-samgate）的意思是：「一起去對岸吧！」

而為何「波羅僧揭諦」是希望「『一起』去對岸」呢？在大乘佛教[79]的教義中，認為「**人皆有佛性，人人皆有機會成佛。**」所以在修行途中，除了注意自己的修行，也就是所謂的「自利」，不過這裡指的不是所謂的「只圖自己的利益」，而是藉由自己「菩薩道[80]」的修行，使自己能夠臻於更完美的境界。接著，就要發揮「菩提心[81]」，幫助一切有緣人走上成佛之路，

79 佛教的派別之一。興起於西元初，是從反對小乘佛教的注重自己修行為出發，強調眾生皆可成佛且以自利利他為重。流傳於中國、日本、韓國等亞洲地區。如：「雖然大乘佛教起源於印度，信徒卻以東北亞國家的人民居多。」

80 菩薩道是指為了讓人人得以脫離苦海，並使彼此都能達到涅槃境界的過程，也是發揮菩提心的精神。而行使菩薩道圓滿的人，或正走上菩薩道的人，都可稱之為菩薩。

81 菩提心（Bodhicitta）即是成佛的心。菩提，梵文為bodhi，意譯為覺。在大乘佛教的教義當中，佛菩提稱為「阿耨多羅三藐三菩提」，就是所謂的「無上正等正覺」。而發心求阿耨多羅三藐三菩提，就稱之為「發菩提心」。《華嚴經》中說：「菩提心者，如一切

發揮「利他」的精神。如此，才能說是功德圓滿，彼此已經圓滿地完成利他的善行。從大乘佛教的教義能夠很清楚的說明，何以「波羅僧揭諦」是希望「『一起』去對岸」的原因。

〈心理學版〉

生活在現代社會中，人們總是面臨不少壓力，諸如家庭、工作及經濟上等種種壓力，經濟環境的改變，產生了不少特別的社會現象，如過勞死或窮忙族等，也產生了不少文明病，如憂鬱症或強迫症等等，精神科醫師建議，如果人人每天至少做腹式呼吸八十次，便可以穩定我們的自律神經，並且舒緩自身的壓力。

1. 定義：

腹式呼吸指的是由橫膈膜的伸縮起伏所生的呼吸方式。它的原理很像我們吹口琴時，直接運用橫隔膜的提升及放下，進而帶動肺部的運作，因此被牽連到的感官及組織較少，所以呼吸更加容易，演奏者便能在短時間內吹奏出想要表達的旋律與節奏。有機會的話，你可以觀察剛出生的嬰兒，從他們呼吸肚子明顯的起伏與響亮聲音，就可以明顯得知他們使用的是腹式呼吸法。

佛法種子」。人人皆為菩薩，人人皆可成佛是大乘佛教的理想，而成佛的基本前提就是發菩提心，立誓願要為眾生利益不入涅槃。

＊不同之處

「胸腔呼吸」是在呼吸時主要靠胸部肌肉的力量，藉此擴張胸腔，因此我們可以在肩膀和胸部這兩個部位感受到明顯的起伏。而「腹式呼吸」則是運用胸腹之間的橫隔膜之提升和下降來擴張胸腔，因此在腹部可以感受到明顯的起伏。

2. 做法：

- 吸氣時用鼻，慢慢的吸氣，然後慢慢的將氣運送到丹田[82]，並放鬆腹部的肌肉，之後小腹便會慢慢的膨脹起來。
- 接著稍停一下，再把氣從鼻子慢慢的、細細的、長長的呼出來。當呼氣的時候，腹肌儘量往內縮，讓小腹看起來是凹進去的。
- 呼氣吸氣都要很自然，不要憋氣也不要緊張。剛開始難免會有意念無法集中的情況，無須緊張，也不要因為一時的分心而感到挫折。所謂的「意守丹田」，便是藉由腹式呼吸來消除雜念，讓自己專注集中。

3. 身心效應：

- 生理效應：經由腹式呼吸能增加腹壓，藉此按摩內臟，並促進血液循環，加強排毒。

82 人體臍下一寸半或三寸的地方。

如果能持續練習，也可藉此減少身體疲勞、加強免疫力、舒緩腰酸背痛。另外對於便秘、大腸激躁症、高血壓、心血管疾病、消化性潰瘍等，都有不錯的效果。

- 心理效應：腹式呼吸除了在生理上產生良好的效果，在心理上也有所助益。藉由腹式呼吸，可使自律神經中的交感神經（負責興奮功能）慢慢的舒緩並平靜下來，相對來說，副交感神經的功能（放鬆作用）則會逐漸加強，因此有放鬆身心的作用，對於恐慌發作與焦慮也有不錯的預防功效。另外對於壓力性頭痛等身心症[83]皆有很大的幫助。

最後，我提醒讀者們，腹式呼吸無法完全取代正常的運動習慣，「每週三次、每次三十分鐘、心跳達一百三」的運動習慣，仍是是放鬆身心、改善睡眠的黃金鐵律。而且腹式呼吸也沒辦法完全取代藥物來治療自身的疾病（不管是身體或心理的）。

在我們的一呼一吸之間，如同英國詩人威廉•布萊克（**William Blake**）所說的：「一沙一世界，一花一天堂」**To see a World in a Grain of Sand**（一粒沙裡有一個世界），**And a Heaven in a Wild Flower**，（一朵花裡有一個天堂），（**Hold Infinity in the palm of your hand**）把無窮無

83 所謂「身心症」，並不一定全是「心理病」。它可分為兩大類：（一）當事人原本就有生理上的疾病，如胃潰瘍、頭痛等。但是當生活遇到壓力時，又會產生負面且複雜的情緒起伏，因而促使原有疾病的症狀，更加嚴重，更糟糕的是，形成惡性循環。（二）當事人本身並沒有任何疾病，但不時會有頭痛、胸悶、呼吸不順及心悸等問題。

盡握於手掌，And Eternity in an hour. 永恆寧非是剎那時光）（台灣的散文家陳之藩譯）。

佛曰：「一花一世界，一草一天堂，一葉一如來，一砂一極樂，一方一淨土，一笑一塵緣，一念一清靜。」在我們自身的一呼一吸之間，都是覺醒的契機。當我們的心沒有任何妄念與欲望，就能感受到一花一世界，一草一天堂的奧妙與狂喜；那就是佛性的展現，那就是我們走在到彼岸的道路上了！

波羅僧揭諦↓菩提薩婆訶

無極限的自在境界

1. 你認為「空」和「零」有什麼樣的關係？
2. 你是否有想像過，一個脫離苦海自由自在的境界，會是個什麼樣子的境界？

經典文句

〈佛家版〉

1.**菩提：**從汙染迷惑中體悟四聖諦。梵語 bodhi 的音譯。

bodhi（菩提）漢文音譯為菩提，意譯為覺；英文為 perfect knowledge or wisdom、enlightenment、understanding 之意。

2.**薩婆訶：**經文中常見的結語詞，有「祝福」的意味。意思是：究竟、成就。

svaha（薩婆訶）是一種祝福語，常用做咒語的結尾，漢文有究竟、成就之意；英文為 **Hail! May a blessing rest on!** 之意。（以上資料參考《咒語漫談》，林光明教授著（嘉豐出版））

總而言之，「菩提薩婆訶」（bodhi svaha）的意是說：「太好了！」而整句咒語「揭諦揭諦，波羅揭諦，波羅僧揭諦，菩提薩婆訶」的意思就是：「去吧去吧！到彼岸去吧！大家一起到彼岸去吧！大家有所覺悟啦！太好了！」

當內在覺醒之旅，一路顛頗的來到了彼岸之後，回到了自己的心之原鄉，就能究竟涅槃，我們的心就能安心且安穩的居住下來。當然在這樣的旅程當中，充滿許多未知的變化，奧修是這樣形容這段旅程的，他說：「在旅途中充滿著危險和陷阱，**而種子是安全的，隱藏在堅硬的**

外殼裡面。當種子勇敢的嘗試、做出努力，它拋棄了給它安全感的堅硬外殼而開始移動，那個抗爭立刻開始：跟泥土與石頭奮鬥。原來的種子非常堅硬，但是所萌發的新芽卻非常柔軟，因此會遇到很多危險。

當種子還是顆種子時並沒有什麼危險，種子能夠存活千千萬萬年，但是所萌發的新芽卻有很多危險。然而嫩芽開始走向未知、走向太陽、走向光的源頭，它本身並不知道要走到哪裡，也不知道為什麼要走，它必須背負著巨大的十字架，**只因一個夢想占據了種子，於是它奮勇迎向陽光。人生的道路也是一樣，步伐難免艱辛、費力，需要很多勇氣。」**

那顆「種子」就是我們本身所擁有的「舍利子」。「舍利子」就像我們已經具有的「佛性」，它一直安住在我們的內心裡，**唯有發揮「行深般若波羅蜜」的精神，才能讓這顆種子長出覺醒之芽**。當然在覺醒的過程中將面臨許多困難及挫折，但是《心經》就如同這段旅程中的「燈塔」，照亮未來的方向。

而這個「十字架[84]」，不代表基督教的信仰，而是代表一種「責任」，這個「責任」就是

84 （1）羅馬帝國時代的一種刑具。為十字形木架，把人的雙手、雙腳釘在上面，使其慢慢死去。據新約全書記載，耶穌基督被釘在十字架上受難至死以救贖世人，因此，基督徒就以十字架代表基督本身或對基督教的信仰。（2）比喻苦難、負擔。如：「別做出令別人感到遺憾的事情，否則，我們將終生背著這個『十字架』，受盡後悔的折磨！」

大乘佛教所強調的「自利」與「利他」的精神；成佛，是每位修行者想要脫離苦海的夢想，這是「自利」；但是發揮菩提心來幫助他人成佛，則是可以達到的理想，這就是「利他」。結合「自利」與「利他」之後，還要發揮勇氣，來「行深般若波羅蜜」！

〈心理學版〉

在一九八四年時，曾有一位夏威夷的治療師，用了三年的時間成功的治癒了夏威夷州立醫院的精神疾病罪犯與疲憊不堪的員工們，神奇的是，他沒有運用任何心理學的諮商、輔導或治療的技巧，他唯一使用的，就是在查看病患的病歷時，用簡短的四句話來「清理」（delte）自己，那就是：「對不起」、「請原諒我」、「謝謝你」、「我愛你」。

這個看似神奇的奇蹟，引發了維泰利的好奇，因此他決定向這位奇妙的治療師請益。他認為修・藍博士[85]以這四句話來清理自己的經過，是一種夏威夷本身俱來的傳統療法，叫作「零極限——荷歐波諾波諾」（Ho'oponopono）。

85 伊賀列卡拉・修・藍博士（Ihaleakala Hew Len，PhD.）「宇宙的自由・大我基金會」榮譽主席，教授解決問題和釋放壓力的課程長達四十年，並曾在夏威夷州立醫院擔任了三年的臨床諮商心理學家，治癒了醫院裡患有精神疾病的罪犯。他從一九八三年起就在全世界教導新版的荷歐波諾波諾療法。他曾經三次與夏威夷治療師莫兒娜・納拉瑪庫・西蒙那一起在聯合國發表這個療法。

1.定義：

簡單來講，「Ho'oponopono」代表著「修正」或「修改錯誤」。古代的夏威夷人認為：「錯誤是由渲染了過去痛苦記憶的思維中產生的。」Ho'oponopono為了解放這些痛苦的思維，因此提供重塑平衡、消除疾病的方法。

2.內容體系：

在整個「Ho'oponopono」體系中，加入了關於三個「自己」（self）的內容，成了「Self I-Dentity」的核心部分。這三個自己存在於宇宙的每一個分子中，分別稱為「孩子／潛意識[86]」，「母親／意識[87]」和「父親／超意識[88]」。當這個內在家庭開始和諧時，整個人就能全然的融入了「神性」（Divinity）的優美旋律。在這樣平衡狀態中，生命能量就能無阻礙的流動。所以，Ho'oponopono首先要幫助人恢復個人的平衡，接著再推展到萬事萬物。

知道Ho'oponopono系統後，再加上強大寬恕方法，也就是——治療自己生活和整個宇宙

---

86 心理學上指潛在意識之下不為個人所覺知，且他人也不能予以直接觀察的心理狀態。亦稱為「下意識」。

87 （1）泛指一切精神活動。如知覺、記憶、想像等皆屬之。（2）覺察、警悟。如：「他意識到事態的嚴重性。」（3）佛教用語。對一切現象能產生分別作用的心。阿毗達磨俱舍論．卷一：「意識相應散慧，名為計度分別。」

88 超意識指超越一般人或心理學家所能理解的意識範疇，不屬於視覺、聽覺、嗅覺、味覺、觸覺等心識活動，具有超然絕對、不受時間與空間拘束的特質，所以並不是科學儀器所能量測到的，但卻又是每一個生命都可以經由實際驗證的識體。

的最好方法，就是願意一〇〇%的負責，從「清理自己開始」（work on myself），還要「完全照顧自己」（total self-care）的基本智慧。因為唯有你做到照顧好自己（自利），所有人才都能受益（利他）。

3. 原理：

Ho'oponopono 的六項原理如下：

- 我們所居住的宇宙是我們思想的產物。
- 如果我們的思想致命（直譯：致癌），我們的實際生活環境也必然致命（直譯：致癌）。
- 如果我們的思想完美，我們的生活環境將充滿了愛。
- 必須負起百分之一百的責任，來改正因致命的（直譯：致癌）思想所創造出的這個致命的現實。
- 沒有任何一件人事物是外道（身外之物），所有事物都是以思想的形式存在於我的內心。

對古代夏威夷人來說，所有問題的發生都起源於自己的思維。問題在於所有的思維都夾雜著痛苦且負面的記憶感受——那些關於人、事、時、地、物的記憶。但是，光靠頭腦是不能解決問題的，因為頭腦只能思考與處理，**處理事情不等於解決問題**。

所以當我們練習Ho'oponopono時，「神性」（Divinity）將中和並淨化所有痛苦的一切，因此Ho'oponopono的第一步是淨化那些能量；之後，奇蹟就會出現！不只能量被純化了，還進一步被解放，一切都被還原，還原到如水晶般澄澈的境界。這就是佛教徒所稱的「空」（the Void）。最後一個步驟是，我們邀請「神性」（Divinity）進入我們內心，並用神聖之光充滿這個「空」（the Void）。

練習Ho'oponopono時，我們無須了解問題為何、災禍發生的原因在哪，我們所唯一需要做的，就是「覺知」自己的身心所感受到的任何問題。只要我們覺察到了，那就馬上開始進行「清理」（delte），誠心地說：「對不起，請原諒我，謝謝你，我愛你。」

所有地球上的使命都是雙向的。首要的工作就是進行修正，正如大乘佛教中的「自利」；第二件工作則是喚醒那些還在沉睡的人，如大乘佛教中的「利他」。基本上，世上所有的人都在沉睡！能喚醒彼此的唯一方法就是——清理自己。

從「荷歐波諾波諾」（Ho'oponopono）的理論架構裡，每一個「自己」都存在於宇宙的每一個分子之中，分別有「孩子／潛意識」，「母親／意識」和「父親／超意識」。因此，想要讓自己達到「空」（the Void）的境界，**不光只是清理自己的一切，那只達到「自利」的程度，還必須清除我們原生父母，及自身好幾世以來所累積的意識；那麼彼此才能「究竟涅槃」，達到「利他」的境界！**

你或許會疑惑，修行《心經》和「荷歐波諾波諾」（Ho'oponopono）是否會有所牴觸？我無法給予確定的答案，但是有兩句話頗具參考價值，那就是「法無定法」——世間沒有哪一種是一定適合自己的修行方法；「定法非法」，修行的方法要隨著自己的心境去調整去改變，因此，答案還是在你身上。不管使用哪一種方法修行，只要保持著「觀」照「自」己在當下的心境，那麼將能無入而不自得！

靜心自得

活得像個純真、對世界充滿信任的孩子，那麼便不需要去清理什麼，**因為你我本身的「舍利子」本來就是純潔無暇的！**「舍利子」無法預知自己將會遭遇什麼事情，種子從來不知道自己會開出花朵，種子甚至無法相信自身能有開出一朵漂亮花兒的潛力。然而，從不了解自己到最後明白真正的「真我」，這樣的旅程十分漫長，當然，若選擇不走這個旅程，日子能過得很輕鬆，也很安全，但是為了開出生命之花、智慧之果，就必須循著光走下去……

「你無法控制每一件事。」是的！我們無法控制生命中的每一件事，即使我們買再多的保險，都無法保證我們的未來會遭遇哪些事情。因為生命本是無常的，面對無法預知的力量及那一雙看不見的雙手，我們所能選擇的就是——「臣服」。這樣的「臣服」並非洩氣消極，而是一種攤開雙手擺出歡迎的架勢來「接受」一切，誠如聖嚴法師所說：「**面對它，接受它，處理它，放下它！**」只有放下之後，自己和他人才能獲得療癒！

在獲得療癒之前，我們要有一個觀念，那就是「我們所能做的就是負起責任」，唯有我們負起責任，**覺知且願意為人生負起責任的人，代表從內心的舍利子所長出來的芽將逐漸成長、茁壯，直至成熟。真正成熟的人將能臻至**無懼，就能達到《心經》中的「以無所得故，菩提薩埵，依般若波羅蜜多故，心無罣礙，無罣礙故，無有恐怖，遠離顛倒夢想，究竟涅槃。三世諸佛，依般若波羅蜜多故，得阿耨多羅三藐三菩提」。如此，我們才能脫離苦海，自由自在。

當我們的佛性（「零極限」（荷歐波諾波諾）中的「神性」）覺醒，並到達彼岸時，當我們在空（「零極限」中的「零」）的狀態時，那裡是沒有極限的，這也說明了什麼叫做「零極限」。而通往零極限的車票就是說出那句「我愛你」！正如「慈悲」是療癒性的，「慈悲」是最高形式的「愛」。而「慈悲」精神的具體展現，就是發揮「菩提心」，行「菩薩道」！

「揭諦揭諦，波羅揭諦，波羅僧揭諦　菩提薩婆訶！」，結合「零極限」的觀念和「般若波羅蜜」的教義，整句話的意思即是：走吧走吧！到彼岸去吧！大家一起到彼岸去吧！感受到那空（「零」）的境界了啊！我們將感受到沒有極限的自由，好極了！

結語

在剛寫完這本《心經新解》時，正逢國內的「無薪假」潮，截至目前為止，兩萬多人正在放「無薪假」，轉台一看有線電視的財經台，股票一片綠油油……一陣低氣壓迎面襲來，只想出去透透氣，人才走到門外的馬路口，就目睹車禍，女騎士倒地不起，救護車「喔咿喔咿……」迅速抵達現場。很快的，救護車載走患者之後，圍觀的人群散去，現場彷彿沒事發生，人人又回到了常軌……

我在散步的過程中，心裡不免喟嘆，這就是「人生」吧！回想起我剛寫這本書時，父母接二連三的生病，照顧父母疲累之餘，還得兼顧本書的進度，焦頭爛額之際，心想還好有《心經》陪伴著我，讓我在驚濤駭浪中有個穩固的生命重心能依靠，扶持著我，好讓我度過極為煎熬的生活。我想，這也是種因緣巧合——讓我親身體驗《心經》的不可思議之處。

經歷過這些事情之後，我深刻的體驗到，我們永遠無法得知下一刻會發生什麼事情？會遭遇到什麼樣的災難？甚至不知道何時會永遠離開這人生的舞台？就算你事先知道自己人生劇本的走向，也永遠無法得知下一刻等待我們的究竟是什麼？

但也唯有如此，人生才有其意義與創造性。在人生的舞台上，充滿未知的生活才能賦予我們創造的空間；充滿喜怒哀樂的體驗，才能讓我們體會到生命的意義。**而《心經》就像是個生命美學家，告訴我們該怎麼活出自己的生命，體驗自己的生命。**讓原本充滿苦難與未知的生命，多一些詩意，多一點美，讓自己學習成為一個生命的美學家，而不是個被生命折磨的人。

有了《心經》這位輔導老師，你我儘可大膽的對自己的生命說「是！」，全然的接受它。不需要隱居山林，不需要離群索居，你可以全然的活出自己的生命，只要你願意讓《心經》常伴你左右，那麼即使未能成佛，你也能創造出自己的生命美學；就算無法到達彼岸，也能很覺知的待在此岸；當下的覺知，就是你的收穫。

在到達這樣的境界，《心經》是個橋梁，是個媒介。西藏開悟大師阿底俠所主張的「修心七要」是七隻指向月亮的手指。不要執著於手指到底該怎麼指，而是藉由手指，看它們到底指向何處。當你看見皎潔的月亮時，手指就不重要了！同樣的道理，《心經》就像手指一樣，藉由《心經》這個橋梁，這個媒介，你到底看到了什麼呢？到底到達了哪裡？那才是重點所在。

「對於已有宗教體驗的人來說，經典不再具有任何意義，方法不再具有任何效用，當目標到達時，道路就不再重要了！」

透過這樣的道理，我想與你分享的是，只要讓自己的生命洋溢著《心經》的芬芳，久而久之，你也會活出屬於你自己專屬的馨香，這獨一無二的馨香，正是你生命真善美的極致展現！

最後，再度謝謝您的欣賞，這本書因您而更完整。

國家圖書館出版品預行編目資料

心經新解 ：轉化心念、超越快樂與痛苦 / 楊嘉敏著. ——
初版——新北市：晶冠出版有限公司，2024.05
面；公分．——（薪經典 ； 24）

ISBN 978-626-97254-7-2（平裝）

1.般若部 2.佛教修持

221.45　　113005114

薪經典 24

心經新解
——轉化心念、超越快樂與痛苦

著　　者　楊嘉敏
行政總編　方柏霖
副總編輯　林美玲
校　　對　蔡青容
內頁圖片　Microsoft Copilot AI
封面設計　王心怡
出版發行　晶冠出版有限公司
電　　話　02-7731-5558
傳　　真　02-2245-1479
E-mail　ace.reading@gmail.com
總 代 理　旭昇圖書有限公司
電　　話　02-2245-1480（代表號）
傳　　真　02-2245-1479
郵政劃撥　12935041 旭昇圖書有限公司
地　　址　新北市中和區中山路二段352號2樓
E-mail　s1686688@ms31.hinet.net
印　　製　福霖印刷有限公司
定　　價　新台幣380元
出版日期　2024年05月 初版一刷
ISBN-13　978-626-97254-7-2

※本書內容改版自《超解心經》。